トコちゃん物語

加藤登紀子 自伝【誕生・青春編】

いつも
空があった

合同出版

プロローグ

生まれたばかりのあなたを、一枚の絵に思い浮かべてください。

自分では何もできない小さな赤ちゃん。でも、それが何より大事なあなたの歴史の出発点です。

私は小さかったころ泣き虫で、気が弱くて何をやってもダメ子ちゃんだったので思い出したくないはずなのに、こうして書いてみると、何もかも楽しい思い出です。

この本は、81年前に生まれたひとりの女の子の歩いた道。

いっしょに歩いてみてください。

私が生まれたのは日本が戦争をしている最中だったので、とても平和だったとは言えない日々でした。

そこは日本から海を越えたユーラシア大陸の東の端。

そのころ日本がそこを植民地にしていましたが、戦争に負けた時、日本人の多くは住む家を失いました。生まれたばかりの赤ん坊にはそんなことはわかりません。

お母さんといっしょにいれば、それだけで幸せだったのです。

「トコだけは天下泰平！　みんなにかわいがってもらって本当に運のいい子だった」

と母は言います。

今こうして母の語った思い出話から、私の子ども時代をつづっていけるのも、私の家族がみんな無事に生き抜いてこられたからです。

一歩間違えば死んでいたかもしれない！　日本中の人が厳しい試練を経験した時代でした。だからこそ私の体験を残しておかなければ、と思うのです。

今の世界はどうでしょう？

幸い日本では戦争で命を落とす人も、家を追われる人もいません。でも地球のいろんなところで、あのころの私たちのように、戦争に巻きこまれて住む家を失くしたり、町を出ていかなければならない人がいっぱいいです。

あなたがこの先の人生で、そんな悲しい経験をしてほしくはないけれど、同じこの瞬間にどこで誰がどんなことにめぐりあっているのか、想像する力をもって生きてください。

あなたの人生というキャンバスに絵を描いていく時、いろんな選択を迫られることや、迷ったり悩んだりする時、この「トコちゃん」を描いた物語が何かの参考になればいいな、と思っています。

遠い祖国

作詞・作曲　加藤登紀子

生まれた街の話をしよう
そこは遠い北の街
戦争の中で生まれてそして
幼い日に追われた街
ゆれる木の音　風に咲く花
短い夏の陽ざし
知らないはずの風のにおいを
覚えているのは何故

燃えたつ色の街の灯に
ジプシーの歌が聞こえた
石だたみの道をゆきかう馬車
とびかう物売りの声
自由の風に　胸を踊らせ
この街を愛した人々
戦争の嵐に　もてあそばれて
運命にひきさかれた街

この街に別れをつげた日は
やけつく夏の終り
貨物列車の旅の終りに
たどりついた街はもう秋
公園の片すみ　むしろがこいに
身を寄せ合って眠った
その夜暗い空から降った
白い白い粉雪

秋のはじめに　雪降る街
それが私の故郷
長い冬の訪れを　吹雪で飾る北国
たとえそこが　祖国とよべない
見知らぬ人々の街でも
私の街と呼ぶことを
ゆるしてくれますか

第1章

トコちゃんはみんなの希望

1 トコちゃんの誕生日

私の誕生物語に踏み込む前に、まず私の生まれた中国東北部のハルビンという街について書いておきたい、と思います。

そもそもこの地域が、１９４５年に第二次世界大戦が終わるまで日本の一部だったことはご存じでしょうか?

20世紀は「戦争と破壊の世紀」といわれ、多くの国が領土の獲得をめざして争いました。日本も明治時代の初めから富国強兵をめざし、１９０４年にロシア帝国との戦争に踏み込んでしまいました。それが日露戦争です。その戦争に勝利したことで、中国大陸に進出することになったのです。

ハルビンという街は、ロシア帝国が極東進出のシンボルとして建設した街で、「極東のパリ」と呼ばれたそうです。この美しい街ハルビンやウラジオストックに多くの日本人が移り住みま

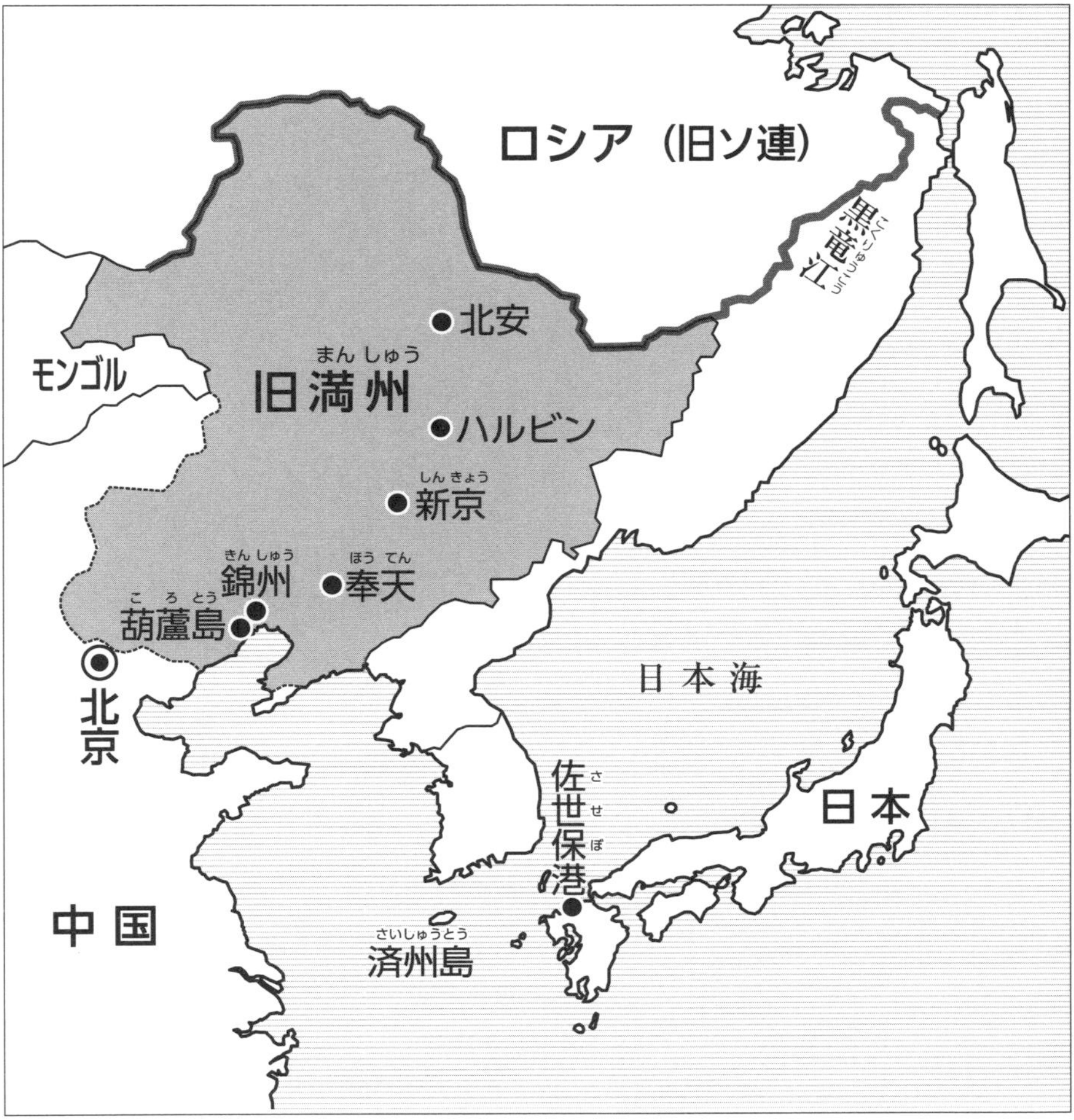
ロシア（旧ソ連）
黒竜江《こくりゅうこう》
北安
旧満州《まんしゅう》
モンゴル
ハルビン
新京《しんきょう》
錦州《きんしゅう》
奉天《ほうてん》
葫蘆島《ころとう》
北京
日本海
佐世保港《させぼ》
日本
中国
済州島《さいしゅうとう》

した。

そして、1917年にロシアに革命が起こった後には日本からシベリア出兵が始まります。当時の日本の政治家のひとり、後藤新平が「日本とロシアは戦争ばかり。その間をいい関係にするために、お互いに文化を知らなければいけない」と考え、ハルビンに日露協会学校（後のハルピン学院）をつくったのです。その学校に私の父が入学したことが、ことの始まりです（この学校には日本の各県からひとりずつ学生が入学することになっていて、父は京都からのひとりとして入学しました）。

この学校でロシア語とロシア文化を学んだ父は、ロシアの音楽や文化に大きな魅力を感じ、その後ロシア人との深い縁を結ぶ人生を送ることになります。卒業1年後、ハルビンで満州鉄道（満鉄）の社員になり、出身地の京都で結婚式を挙げ、母とともにハルビンで新婚生活に入りました。それが昭和10年10月10日です。

昭和10年は1935年、満州国がここに建設されたのが32年ですから、その時はもうここは日本の植民地でした。

京都駅でたくさんの人に見送られて出発した時、母が手にしていたのはハルビン行きの切符でした。そのころ、京都駅でハルビン行きの切符が買えたのです。京都からハルビンまで31円だった、と母は記憶しています。だいたい着物一着分の値段だったとか。

1937年にハルビンで兄が生まれ、40年に京都で姉が生まれ、揺れ動く戦争の中、母と兄と姉は何度か日本と中国を行き来することになりました。41年の真珠湾攻撃でアメリカとの太平洋戦争が始まったことから、日本に空襲の危険が迫っていることを危惧した父の判断で、再び満州で暮らすことを選んだのです。おかげで私は満州（ハルビン）で生まれることになりました。

私の生まれた1943年には、日本も敗戦の色が濃くなり、学生たちが帰りの燃料を積んでいない戦闘機で、敵機に飛行機ごと突撃するという悲惨な学徒動員も始まっていました。でも満州では、ロシアと日本が日ソ中立条約を結んでいたせいか、戦闘も空襲もなく、比較的平和だったようです。

さて、いよいよ私の生まれた日の話に入りましょう。

1943年12月27日。朝、突然の陣痛に驚いた母は、急いでハルビン市立病院に行きました。予定日より1カ月も早かったのです。兄がもうすぐ7歳、姉がもうすぐ4歳。2人を部屋にお留守番させて父も病院についていきました。

たぶん馬車で駆けつけたのです。というのは、姉の記憶では、その日の午後、病院にお見舞いに行った時、「馬車から見えた外が大雪で真っ白だった」そうですから。ここハルビンは、冬には零下30度以下になる極北の地。雪が降る日はかえってちょっとあったかい日だったと姉は言います。

母が病室に入ってから、父は入院の準備をしようともう一度家に戻ったのですが、母は、私が生まれそうになるのを手で押さえて、分娩室《ぶんべん》までの廊下を走ったといいます。

私はよほど、この世を早く見たかったのでしょうか。

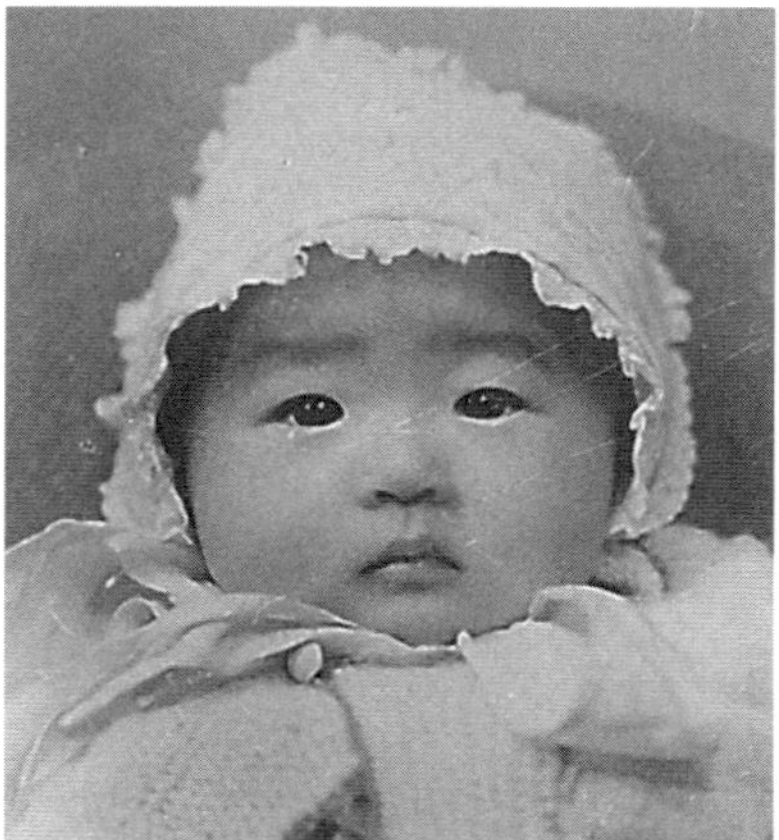

6カ月ころのトコちゃん

生まれたのは午後0時。そう、お昼の時報と同時！　生まれた私は2200グラムの未熟児。当時はまだ小さい新生児への処置ができなかった時代です。

「生きるか死ぬかは、子どもの生命力次第。保証はできません」と医者に言われ、父は土下座をして「そこをなんとか」と、先生にお願いしたそうです。そんなことされてもね、先生が気の毒です。

母はベッドの中で私を抱き、ひたすら母乳を飲ませました。

「早く生まれたからか、あなたはまさに赤ん坊、真っ赤だったのよ」

母乳を飲んでもすぐに呼吸が苦しくなり、顔が紫色になったそうです。でも、ひたすら母は母乳を飲ませ続け、私は生きました。

私が生まれたのが正月直前だったので、正月用の特別配給があったり、クリスマスのお祝いもあったり、病室はなんだか「食料の山になった」と母が言っていました。

「ひどい時代だったけど、あなたは希望だった。これからを生きる未来だものね」

母はいつもそう言ってくれました。私の出産後、しばらく入院していたおかげで、お正月の準備をしなくてすんだのが本当に楽でよかった、とうれしそうに話してくれました。

2 終戦は始まりだった

ところが、満州でも平和な日々は続きませんでした。翌年の夏、父は満州鉄道（満鉄）から軍の仕事に配属されました。それまで軍服を着ていなかった父は、足にゲートルを巻き、日本刀を帯刀するようになりました。その時、撮影した家族写真が残っています。奉天《ほうてん》（今の瀋陽《しんよう》）勤務となった私の家族は軍の社宅に入りました。ここでは日本と同じように米軍の空襲があり、私をおんぶして母は防災訓練や配給に駆け回る日々でした。

私が1歳になり、もうすぐお正月というころ、米軍の大規模な空襲があり、その時、日本軍の迎撃《げいげき》で撃ち落とされ捕虜《ほりょ》になった米兵の取り調べを担当した父がこう話していました。

「撃墜《げきつい》されても兵隊の命だけは助かるようにパラシュートで脱出するというのが、アメリカのやり方や。日本の特攻隊との違いを思い知らされたよ」

1945年6月23日、沖縄で日本はアメリカとの戦いに敗れました。その時も生き残った島の人々が逃げ込んだ壕《ごう》の中で集団自決させられるという、想像を絶する悲劇が起こったことを、みなさんも知っていると思います。

沖縄戦の次の米軍上陸決戦地として済州島《さいしゅうとう》が浮かび上がり、大陸にいた兵隊が送り込まれることになり、父もいよいよ召集され、済州島要員として戦地へ出征することになりました。

母と子ども3人は、ハルビンの軍の官舎に移りました。済州島決戦となれば、おそらく全員が戦死という結果が目に見えていたので、同じように夫を送り出したほかの家族も悲壮な気持ちだったと思います。これが最後になるかも、という思いも込めて私たちは、父を送り出したのです。

ところが8月に入って父から便りがあり、「済州島ではなく、朝鮮半島の北部に配属された。ここは思ったより平和で食料も手に入るから、こちらに来たほうがいい」と言ってきたの

奉天に引っ越したころ、軍服姿の父と撮影した写真

です。

母は荷造りをして、やっとのことで汽車の切符を入手しました。それは8月11日、ハルビンから南へと向かう列車の切符です。でも私たちが、その列車に乗ることはありませんでした。

8月9日、ソヴィエト連邦（ソ連）軍が満州の国境を越えて入って来たのです。日ソ中立条約を締結しているはずのソ連の日本への参戦は、大きな衝撃でした。ハルビン郊外で戦闘の火の手が上がるのを、母は見ています。「空襲警報が鳴らずに爆撃があったら、ソ連軍だと思え」と父が言っていたそうですから、なんらかの予測はあったのでしょうか。

列車の運行は止まり、日常生活も一変しました。幸いハルビン市内へのソ連軍の爆撃はありませんでしたが、数日後、ある新聞記者に「もうすぐ敗戦が決まります。今のうちに食料を手に入れておいたほうがいいですよ」と言われて母は、着物を売ってジャガイモを買いに走ったと言います。

その記者の予測どおり、8月15日に天皇陛下による玉音放送《ぎょくおんほうそう》があり、日本がポツダム宣言を受諾し、敗戦が決定したことを知らされます。

本格的な市街戦になることを心配していた母たちにとって、8月15日の終戦の玉音放送は、本当にうれしい知らせでした。「死ななくてすんだ！」とみんなで抱きあって喜んだそうです。

でも、それは戦後という想像を絶する混乱への、ほんの序曲でしかありませんでした。

3

「トラックに乗って！」

8月15日が過ぎても、日本とソ連の戦争は続いていました。9月2日、やっとミズーリ号船上で日本が降伏文書に調印をした後、日本軍の武装解除が始まります。

兵隊さんたちが武器を置いてどこかへ連れられていく。それを見ていて母は、戦争が終わった時、自分たちはどうなるのかを考えたことがなかったことに慄然《りつぜん》としたと言います。敗戦と同時に、日本は中国大陸での権益《けんえき》を失ったのですから、「ここはもう日本ではない」、その事実を突きつけられたのです。

まず住んでいるところは軍の官舎なので、出ていかなければなりません。母は、「なんとかして自分で家賃を払うので、ここにいさせてください」と、その建物の中国人の大家さんに頼んでみたそうですが、「軍に貸したものだから無理です」と断られたと言っていました。途方に暮れながらも、父の残していった書類などを燃やしたり、どこにでも動けるように持ち物を

整理したりして過ごしていました。
ソ連参戦の直前、父のところへ行くための荷造りをしていたので、大事なものは、知人のロシア人に預けたり、差し上げたりして、必要最低限のものしか残っていません。
それでも、立ちのきは突然のことでした。
8月23日、家の前に一台のトラックが止まり、「食料と寝具を持って、ただちに乗るように」と指示されます。どこへ行くのかもわかりませんでしたが、日本軍のマークのついたトラックだったので、言われるままに乗ったのです。母は私をおんぶして、両手に持てるだけのものを持って、兄と姉をせきたてて。

ハルビン駅の前の中央寺院を回り込んだ時、そこにソ連の戦車が立ちはだかっていました。その大きさに震えた瞬間、大通りをこちらに向かってくるソ連の戦車の隊列が見えたのです。ものものしく銃を構えた兵士がたくさん乗っていました。その日はソ連軍のハルビン市への入城の日だったのでしょう。いよいよハルビンはソ連の占領下に入ったのです。

トラックは慌てて裏の道に逃げ込み、しばらくガタガタ道を走り、ハルビン郊外の建物の前で止まりました。そこはハルピン高等女学院の寮の建物でした。そうとわかって母はどんなにほっとしたことでしょう。

「すでに来ている人たちで1階の部屋が埋まっている」というので、私たち家族は2階の大広間に寝る場所を見つけなければなりませんでした。そこには、自分の家に帰れないまま終戦を迎えた女学生たちが残っていました。さぞかし不安な気持ちで過ごしていたことでしょう。

でも、まだ1歳8カ月の私は、おむつを外したら喜んで大広間を走り回り、兄や姉も、女学生たちに遊んでもらって上機嫌だったといいます。

「トコちゃんのお尻、かわいい！」と声が飛び、それがわが家の難民収容所生活の始まりでした。

4

「トコちゃん貸して！」

お米や小麦粉、塩、砂糖など、少しは食料の備蓄《びちく》もある場所に収容された私たちは、本当に恵まれていたと思います。満州の各地で、行き場のなくなった100万人以上の日本人が、これまで支配されていた中国人からの激しい憎しみにもさらされながら、ハルビンなどの都市に自力で脱出を試みていたことを思うと、本当に申し訳ないほどの快適な居場所でした。

でも、その安堵《あんど》もつかの間。ソ連兵の暴行や略奪が始まったのは、3日後のことでした。数人の略奪から大部隊の略奪まで繰り返され、建物の外に逃げ出しているうちに、備蓄していた食料のすべてが台無しになりました。お米も小麦粉も塩も砂糖も、すべてが袋から出されて混じり合い、着物や衣類もトランクや押し入れから引き出されて、部屋中が大きなゴミの山になったのです。

彼らは、時計や貴金属、軍服や靴を求めていたことがわかりました。食料の袋を破ったのは、中に武器が隠されているのではないかと警戒したからです。

そんなことが繰り返される日々、母は徐々に考え方を変えました。「彼らから逃げずにちゃんと向き合うべきだ」と。入ってくるソ連兵に、玄関で靴を脱ぐように教え、「何がほしいかを言葉で言ってください」と話しかけたのです。

「みんなボロボロの服を着て、ひどい靴を履いて、かわいそうな人たちだったわよ。一体、どこから歩かされたのか」

人によってはロシア語のわからない人もいました。シベリアの少数民族や流刑囚だったかもしれません。

ハルビンでの結婚生活が始まったころから、多くの亡命ロシア人の家に部屋を借りて暮らしていた母は、その時覚えたロシア語で、何とかソ連兵とも普通の人として接することができました。

「誰でも、ちゃんと『あなたと私』として向き合えば、国なんて消えるのよ」

それが母の信念でした。

「あなたのお母さんは、どこであなたを待っているの?」「あなたの奥さんは? 子どもはいるの?」と尋ねると、ボロボロと泣き出す人も多かった、と言います。

これまで略奪に来ていた人が、私たち子どもにクッキーを持ってきてくれることもあったと

か。塩や小麦粉で台無しになった着物の布でお人形を作って市場に売りにいった時も、ソ連兵が「故郷の子どもに」と買ってくれたそうです。

収容所の中では、ここでの生活に希望を持てず、日本に帰還することばかり願って泣いて暮らしている人も多かったのですが、母は生き抜くためにできることをなんでもやろうと、気の合う何人かと果敢《かかん》に行動していました。

そんな時、いつも母は私をおんぶしていたのです。

「トコがお守りだったのよ!」と。

ソ連兵に襲われないためにも、赤ん坊をおぶっている方が安全、というわけです。同じ収容所のいろんな人に、私はよくおんぶされていたようです。どこかへ出かける時、「トコちゃん貸して!」と声がかかって。

何かに向き合って立とうとする人の背中におんぶされながら、きっと私も、私なりにがんばっていたんじゃないか、と思います。

どんな時も、生きるために堂々と行動する!

母がずっと後に話してくれたこの時のエピソードが、その後の私の生き方を決めました。

5 母の奮闘、子どものがんばり

収容所での母の奮闘は続きました。

「食料が尽きたので、全員飢え死にする覚悟をしてください」と寮長のような人に言われた時は、あぜんとしたと言います。収容所を一歩出れば、市場には食料が山のようにあるのを、母は見ていたからです。

この収容所でじっとしている場合ではないと考えた母は、ハルビンでいちばん大きな秋林《チユウリン》デパートのお針子の仕事を始めることにしました。女学校を出た後、洋裁学校に行っていたので、腕には自信があったのです。

ハルビンには、ヨーロッパから移住したユダヤ人やウクライナ人などたくさんの人が暮らしていたので、日本が敗戦したといっても、変わらずに普通の生活が続けられていました。

デパートの洋服作りの部屋は大きくて、多くのロシア人やユダヤ人の働き手と並んで母は仕

事をしました。お昼になると、食堂に大きな寸胴《ずんどう》の鍋のスープとピラフが運ばれてきました。「子どもたちのためにも」と飯盒《はんごう》を差し出すと、中国人のコックさんがいっぱい入れてくれたそうです。

週に1度、銀行のような窓口から給料を受け取り、母は大きな勇気をもらったと言います。

「生まれて初めて自分で働いてお金をもらったのよ！　どんなにうれしかったか」

でも、デパートに「トコちゃん」を連れていけないのが、大きな問題でした。収容所で姉と一緒にお留守番です。兄は遊びに行ったりしていて、当てになりません。そんな日にもソ連兵の略奪はあり、そんな時、みんなが一目散に逃げ出して、大広間に昼寝をしている私と姉だけが取り残されたことがあったそうです。大きなソ連兵が姉を抱っこしてどこかに行こうとした時、姉は大声で叫び両足をバタバタさせて抵抗したのです。びっくりした彼は、笑って姉を下ろし、ビスケットをくれたそうです。でも、5歳の姉にとっては大事件でした。

この収容所も、初めは限られた家族が収容されていたのでしたが、地方から命がけで脱出してきた満蒙《まんもう》開拓団の人たちなどの収容場所がなく、どの収容所も難民であふれる状況となり、毎日膨大な数の人がここにも来るようになりました。

ただでさえ尽きかけていた食料の問題もありましたが、いちばん怖かったのは伝染病で死んでいく子どもが多かったことでした。

危険を感じた母は、ここを出て行く決心をしました。もう秋も深くなってきてからのことです。スンガリー（松花江）から近い、目抜き通りを1本入ったところに住んでいる親戚が受け入れてくれることになったのです。

空いている部屋に入れてもらって大助かりでしたが、ここから私をおいて秋林デパートへは通えないため、母は家の中で仕立ての仕事をして生活を支えることになりました。いろんな洋服の縫い直しなどの注文を受けて、時にはユダヤ人の家まで行って作業をしたこともあったそうです。

彼らの生活は豊かに見えても、実はつつましいものでした。つぎはぎだらけのソファには美しい布をかけ、テーブルクロスには刺繍《ししゅう》といった、貧しくても美しく生きようとする彼らの生活ぶりに、いくつもヒントをもらいました。古着を素晴らしいドレスにするデザインのアイデアも、ユダヤ人から学ぶことができました。

冬だというのに、暖房に使う石炭も手に入らず、お風呂にもほとんど入れないギリギリの生活が続き、音信の途絶えたまま父の消息もわからず、一寸先は闇。なんの見通しもない日々が続きました。

6

トコちゃん、貨物列車に乗る

年が変わり1946年、夏になって事態は大きく動きます。

満州に残留《ざんりゅう》した日本人を日本に帰す「引き揚げ協定」が結ばれたのです。アメリカ占領軍と、中国の国内で抗争していた内戦中の八路軍《はちろぐん》（毛沢東《もうたくとう》派）と国民党軍（蒋介石《しょうかいせき》派）との話し合いで、両軍は内戦を中止してこの日本人の引き揚げに協力することが決まったのです。

これまでの世界史の中でも、こんな形で難民が帰国できた例は少ないと思います。本当にありがたいことだったと、今も私は感謝しています。それでも、この引き揚げの旅が過酷なものであったために、歴史の中では苦しみの記録として語られることが多いです。

でも、母は私が大人になってから、「類《たぐ》い稀《まれ》な素晴らしい旅だった」と私に語ったことがあります。滅多に経験できない、「人としての限界を知る旅」だったと。

私たちの家族が、この引き揚げの旅に出発したのは9月6日。朝、家の前の通りから馬車に乗り込み、近所の人たちとハルビン駅に向かいました。

プラットホームにあふれる人たち。乗り込んだのは石炭を運ぶような大きな無蓋《むがい》貨物列車でした。深さが数メートルもあるので何段ものステップをよじ登り、底まで降りるのは、私をおんぶし両手に荷物を抱えた母には大変だったことでしょう。

兄にも姉にもそれぞれリュックを背負わせ、母は言いました。「いざバラバラになっても、自分で生きるのよ」と。

ハルビンにしては暑い陽が射していて、何枚も服を着込んで着膨れしていた子どもたちは暑そうでかわいそうだった、と母。

無蓋貨車なので雨が降ると何もかもが水浸し。でも私だけは、みんなが荷物を積んでベッドをつくり、「トコちゃんを、ここに寝かせよう」と言ってくれたのです。途中の街で、野宿をするときも、一枚の筵《むしろ》を広げて4人で寝る、その「おうち」が大好きで、2歳の私がやっと言えるようになった言葉が「おうちへかえろう」だったのです。

「トコだけは天下泰平!」。それが母の口癖でした。何にもわからないから、全然つらくないし、みんなが守ってくれていたことがわかります。

毎日の食事はほとんど高粱（コーリャン、イネ科モロコシの一種）のお粥《かゆ》。時には砂利が混じっているようなものだったようですが、それでもお代わりをしようと何度も列に並ぶ元気が、兄にはありました。

おしっこを我慢できなくて停車した列車から降りて、そのまま走り出した列車に乗り遅れて取り残されて亡くなった人もいる中で、みんなでお鍋の中にすればいいよ、と笑っていられる人もいる。

「生きるって素晴らしいことよ。生きるためならどんどん限界を超えていく。昨日できないことを、今日はできる。それが人なのよ」と母。

どうしてこんなに母は、

何事にもめげずにがんばれたのか。

物心がついてから、不思議に思うこともありました。

「何があってもあなたを守るためよ。あなたがいたから、がんばったのよ」と、母は笑います。

その母に守られて、兄と姉と私の旅は続きました。

7

「トコ、歩かないと死ぬことになるよ」

それでも、絶体絶命の難所がありました。戦争で鉄橋が破壊されていて、列車で通過することができなかった第二松花江。私たちは川の手前の駅で列車を降ろされ、線路の上を歩き、河川敷に降りて河原を歩き、やっとのことで小船に乗り、また河原を歩き、長い線路の上を歩き、次の駅までたどり着かなくてはなりません。

線路の上を引きずって歩いていたリュックが破れそうになり、にっちもさっちもいかなくなった母は、ついにそれまでおんぶしていた私を下に降ろして、こう言ったのです。

「トコ、歩きなさい。歩かないと死ぬことになるよ」

私は「うん」とうなずいて、歩きだしたそうです。小さな私にも、母の必死の気持ちが届いたのでしょう。それでもゆっくりゆっくりしか歩けず、前を歩いて行った兄と姉は、なかなか来ない母と私に、ハラハラしたそうです。

そこを無事越えても旅は続きました。雨の日も、風の日も無蓋貨車にぎゅう詰めのみんなで乗り越え、その旅が終わったのは10月初め。今、普通に汽車で行けば15時間ほどで行ける距離を約1カ月かかってたどり着いたのです。

錦州《きんしゅう》という街で列車を降り、そこから葫蘆島《ころとう》という港に行き、船に乗って日本へという光が見えてから、それでも船に乗れるまでの間、錦州の街で待機しなくてはなりません。

公園に筵を広げ薄い布団をかぶって家族4人眠っていたある夜、パタパタという風の音で母は目をさましました。

「驚いたわ。真っ暗な空から真っ白な雪が降ってくるのよ。またたく間に、寝ている人の上に積もってね。それが本当に美しかったのよ！」

ハルビンを出発した時は、まだ夏のような陽射しが照りつけていたのに、もう、北国は冬を迎えようとしていたのです。

葫蘆島から遠州丸《えんしゅうまる》という船に乗り込み、船底に筵（私のおうち！）を広げました。姉は船酔いで苦しみ、そのたびにトイレに行くのを繰り返し、兄は元気いっぱい船の中を走り回っていたと言います。私は母と片時も離れずくっついていました。

「見えたぞ！　日本が」と声が聞こえたとき、母は私を連れて船底から甲板《かんぱん》に必死で駆け上がったそうです。甲板から見えたのは、緑あふれる山並みでした。

「これまで見ていたのが緑のない山ばっかりだったので、あまりにも美しくて、もう涙が抑えても抑えても止まらなかった」と母。

そして着いたのは佐世保港《させぼこう》でした。浦頭《うらがしら》という船着場《ふなつきば》にボートで下船し、私たちは、全身にDDTという消毒剤をかけられました。大陸のばい菌を日本に持ち込まないように、と。ボロボロの格好で私をおんぶした母、兄、姉と4人、やっと日本の土を踏んだのです。

でも、こうして日本に帰れたといっても、迎えてくれる故郷、帰れる家のない人もたくさんいました。せっかく上陸できたのに、力尽きて亡くなる人も多かったのです。そういう死者を焼く釜《かま》もそこにあり、今もこの場所は「釜墓地」と言われているくらいです。

それを思えば、父の消息はわからないまでも、帰れる里があるということはどんなに恵まれたことだったでしょう。

私たちは針尾島《はりおじま》（現在、ハウステンボスのあるところ）にしばらく収容され、近くの南風崎《はえのさき》という小さな駅から、再び貨物列車に乗って両親の出身地、京都に向かいました。

8

「トコはハンドバッグ」

京都駅に着いたのは、もう夜更けでした。新町六条の実家まで、母は私をおんぶして走ったのです。街は寝静まっていました。空襲に遭わなかった京都は別世界でした。

くぐり戸を開けた私の祖父は、驚いて思わず、「生きてたんか？」と言ったそうです。「てっきり死んだもんやと思てたわ！」と。ま、それもしかたがないか。終戦から一切連絡が取れていなかったのですから。

京都駅で待っていた兄と姉を祖父が自転車で迎えに行き、実家にやっと落ち着きました。これまで筵一枚広げて寝ていた4人が、畳の上で寝たのです。母はこれまでのことがいっぺんに思い出されて、泣けてたまらなかったといいます。

でも、無一文の家族4人、親の世話になるわけにもいかず、母は早速仕事を探しました。幸い、ハルビンで洋裁の仕事をしていたと話すと、本場仕込みということで大歓迎！ある仕立て屋さんで仕事をすることになりました。

問題は私をどうするか。ありがたいことに、その仕立て屋さんが私を連れてきてもいいと言ってくれて、母は私を連れてお勤めすることになりました。母の働くおうちには同じくらいの年齢の子どもがいて、ちょうど遊び相手にいいわ、ということになったのです。

そこでの日々、京都らしい天井の低い仕事部屋で一緒に遊んで、おもちゃの取り合いをした！　それがうっすらとした私の記憶の始まりです。

その年も暮れ、私はやっと3歳。明けた1947年1月末、父が除隊《じょたい》して京都駅に帰ってくるという知らせが入りました。みんなで迎えに行った時、父は、大勢の復員兵のごった返す中、京都駅に着いた列車の後ろのほうから悠々と降りてきました。

朝鮮半島北部で終戦を迎えた父でしたが、玉音放送の後も戦闘が続き、ソ連軍に降伏を伝えるため、白旗を掲げて敵地に向かうという危険な使命を果たし、そのまま捕虜として捕らわれたのです。捕虜収容所での日々、ロシア語ができた父は、連絡係などの役目を果たし、なんとか復員船に乗ることができた、というわけです。

満州にいた多くの軍人、特にロシア語の関連で働いていた人はシベリアの収容所に抑留された人が多く、父の帰国は奇跡的だったようです。

元気いっぱいに帰国した父は、京都で1カ月ほど過ごしていましたが、ここでは仕事は見つ

からない、と東京にひとりで行ってしまいました。その必死の就職活動が実り、音楽が好きだった父にとって願ってもないキングレコード株式会社に入社が決まったのです。

しばらくは軍服を着たまま会社の宿直室で暮らしていて「軍服のディレクター」と言われたそうです。その父が、「家族みんなで東京で暮らそう」と、4月に東京に引っ越しました。親戚が原宿駅の近くに焼け残った家を持っているというので行ってみると、先にその家を借りて住んでいた家族がいてびっくり！　でもそのころはみんなそんな感じだったようで、結局、1階と2階に分かれて共同生活をすることになりました。

焼け跡のまっただ中のそこでの暮らしは半年。１９４７年の秋には板橋区の一軒家に引っ越すことになりました。

新しい生活の中でも、母は洋裁の仕事をすることにし、日本橋や銀座に仕事を受け取りに走り回ることになりました。そんな時はいつも「トコちゃん」を連れて。

「トコはハンドバッグみたいなもんね」と母は苦笑。

それでも、ある日、あまりにも広い昭和通りを、私が渡りきれなくて、母が途方に暮れたことがあり、それからは「もう連れていかない」ということになりました。ついに「トコちゃんお留守番」の時代が始まります。

9

「トコ、青空が見えるよ！」

板橋の家は、周りに田んぼや畑のある、のんびりとした住宅街でした。兄は10歳、姉は7歳、それぞれ板橋第二小学校に通うことになったので、朝から家にいません。母は2人のどちらかがいる時に出かけていたのでしょうか。たったひとりのお留守番の思い出はないのです。いつもラジオから音楽が聞こえていて、何かと騒がしい兄、優しい姉がいて……。私は、といえば、絶えず歌っていたようです。

そのころから声が低かったのか、大好きだったのが二葉あき子さんの『フランチェスカの鐘』。

「ああ、あの人と別れた夜は　ただ何となく　めんどくさくて
サヨナラ　バイバイ　言っただけなのに」

とっても大人びたブルースだけど、「ちゃよなら　バーイバイ」が気に入って、いつもいつも歌っていたそうです。3歳の私の持ち歌でした。

そのころはNHKが「ラジオ歌謡」をせっせと流していて、そこから『雪の降る町を』とか『さくら貝のうた』のような名曲や、『森の水車』や『牧場の時計』など、誰もが口ずさむ歌が生まれました。その中に『登山電車で』という歌があり、元気のよいコーラスで「行こう！行こう！　火の国へ」と繰り返しがありました。するとすかさず兄が「トッコ！　トッコ！トコのバカ」と大声で歌うのです。「お兄ちゃん、やめて！」と言うのに、やめない兄。意地悪なのか優しいのか、おせっかいやきの兄でした。

私がみかんの種をうっかり飲み込んだ時、「トコ、あしたおへそから木が生えてくるぞ」と脅《おど》かす兄。それを信じて泣く私。

母の帰りが遅くて私が泣き出した時、3人で「お母ちゃーん！」と順番に呼んで、誰が呼んだ時にお母ちゃんが帰ってくるか、競争しようぜ！　と言い出した兄。何回目かに、私が大声で「お母ちゃーん」と呼んだ時に、ちょうど母が帰ってきて、大喜びしたことがありました。

家の前の道にはいつも大勢の子どもが集まってワイワイ遊んでいました。ドッジボール、縄跳び、石蹴り……。何をやっているときも私は遊びに入れてもらえない「みそっかす」でした。夕方『鐘の鳴る丘』のテーマソングが流れると、みんな家に帰っていく、いかにも戦後らしい板橋生活。

「50銭《せん》以下のお釣りはお駄賃にしてあげるよ」と母に言われて、5円玉を渡されて何かを買いにいった時も、私が「4円50銭分くださーい」と言ってちゃんと50銭握りしめて帰ってくると、兄が喜んで、「トコは算数ができるやん」と褒めてくれたのを、なぜか覚えています。そのお駄賃を小さなお財布にためていて、ある日、ひとりでアイスキャンデーを買いにいって迷子になった、そんな秘密の出来事も。

そんな東京生活も突如終わり、１９４９年の夏、京都に舞い戻ることになりました。父の自叙伝によれば、京都に住んでいる祖母がもう長くないとわかっている状況で、その家に住んでいた兄家族が他の街へ仕事で行ってしまうことになり、父が最後の親孝行をしたいと思ったそうなのです。

引っ越しであたふたしているそんな時に、とんでもない台風がやってきました。１９４９年8月31日の夜、神奈川県に上陸して関東一円に大きな被害をもたらした大型台風。死者１３５人、家屋の全壊半壊《ぜんかいはんかい》17万戸という規模のキティ台風でした。

一晩中吹き荒れる音を聞いた翌朝、母が大声で私を呼んでいます！

「トコ！　来てごらん！」

行ってみると、台所の屋根が吹っ飛んで青空になっていたのです。「きれいやなあ！」とうれしそうに母が笑っていました。京都行きの決心をつけた後だからだったかもしれませんが、母のこの晴れやかさほど天晴《あっぱ》れなものはない、と今もその顔を思い出します。

10 舞台の上が大好き！

こうして私たちは再び京都に住むことになりました。

今度の家は、父方のおばあちゃんが住んでいた上賀茂《かみがも》の家ですから、立派な家でした。ちょうど小学校に上がる前の私。この静かな古都で小学校生活を送ることになったのです。上賀茂神社から流れ出した「ならの小川」に沿った白壁の家、神社の社家《しゃけ》の一軒。立派なお屋敷であることはうれしかったですが、引っ越すはずだった父の兄の家族が、急に戻ってきていて母屋《おもや》に住んでいました。結局、うちの家族は裏庭にある離れに住むことになってしまったのです。まったく、これもお父ちゃんの早トチリ？

でも母はめげません。裏庭にあった小川の幅を広げてちょっとした池をつくり、素晴らしい遊び場に。2つしか部屋がないので、外にアケビの棚をつくって、そこにテーブルを出し、素敵なリビングに……。私には最高の家でした。

そんな私の第一歩は小学校入学。いちばん体が小さくて、すべてについていけなくて、気がつくと教室で泣いてる、そんなダメ子ちゃんでした。先生が心配して、「普通学校では無理かも」と言い出したのです。「教室で声を出したことがない」と言う先生に、母は「家ではちゃんと話してますから、大丈夫です」と言い返してくれました。

体力測定の時も本当にみそっかす。ボール投げが10メートルの線に届かなくて、先生がわざわざメジャーで測らなくちゃならない！「先生、ごめんなさい！」と心の中で叫んでいました。

もっと大事件だったのは、鉄棒にぶら下がって何秒がんばれるかのテストで、ぶら下がった私が鉄棒から手を離すのが怖くて、ずっとぶら下がったままだったことでした。「もう降りろ」と先生に言われたのですが「怖くて降りられません」と答え、結局、先生に抱っこで降ろしてもらう始末。でも、記録は最高点という奇妙な結果になりました。

でも1度だけ、運動会の障害物競走で2等になったことがあります。徒競走ではビリと決まっていたのに、目の前にゴールのテープがあるのを見てビックリ！「うわっ！」と思っているうちに抜かれてしまって2等でしたが、あれは私にとっては忘れられない快挙です！

3年生になった時、新しい先生が担任になり、「好きなことをいっぱいやってきなさい」というやり方で、がぜんやる気になった私。算数だけが好きだった私は毎日、ノートに算数問題を解いて、先生に見せて丸をつけてもらっていました。

これまで声も出さない引っ込み思案の私が豹変《ひょうへん》したのは、「きっと先生がすごく素敵な男性だったからじゃない」と母は笑います。でもせっかくいい気持ちになっている私にこんなことも言ったのです。


「算数、国語はできてもねえ、体操、図工、音楽が苦手じゃあ、人生真っ暗よ」

それで私はバレエを習うことになりました。上賀茂からバスに乗って、バレエ教室へ。ここでもおしゃまな子どもたちに圧倒されて、ちょっと気後れして自信をなくした私。

でも踊るのは好きで、初めての発表会の時、「トコちゃんは、舞台の上では、本当にうれしそうに踊るわね」と先生に言ってもらいました。

ずっと後になってからも、この先生の言葉がなぜか残っていて、あの時の舞台に上がったうれしさを思い出します。稽古場ではいろんな人に囲まれてオロオロしていた私が、舞台の上では、誰にも見られていないような解放感を感じていたのです。みんなに見られるのが舞台のはずなのに、不思議ですね。「好きな私になっていい」と思えたのでしょう。

これは歌手になった今こそ、よーくわかります。私があんまり迷いもせずに歌手を選べたのは、もしかしたらこの時の経験があったからかもしれません。

11

わが家にピアノが？

そもそも父が京都行きの話に乗ったもう1つの理由は、キングレコードの大阪支店に転勤になったからだったはずなのですが、その大阪での仕事がうまくいかなかったのか、私の小学校入学前には退社していました。

何から何まで裏目に出る、といった巡り合わせ。父は苦悶《くもん》していたようですが、その年、1950年10月には、なんと京都歌謡学院を設立。校長先生になったのです。が、設立から運営までの資金繰りを全部背負っていたらしく、いつも借金まみれでした。

「誰かから電話がかかってきても、『お父ちゃんはいません』と言いなさい」と教えられていました。

父の奮闘ぶりも、なかなかのものでしたが、歌謡学院はたった1年半で幕を閉じます。

父にとっては痛い敗北だったかもしれませんが、子どもたちにはちょっとうれしい出来事でした。だって、歌謡学院の閉鎖で要らなくなった電蓄《でんちく》（レコードプレイヤー）やアップライトのピアノが、わが家に運ばれてきたのですから。たぶん、借金の担保として差し押さえられる直前に運び出したに違いありませんが、私たち子どもは何も知りません。

当時、普通の家庭にピアノや電蓄があるなんて、とっても珍しかったと思います。これは家族の歴史を変える「革命」でした。母は、数人のお針子さんに家に来てもらって洋裁の仕事をがんばっていましたが、この電蓄が来てからは、朝から晩まで音楽が鳴り響く家になったのです。

母の大のお気に入りは、ショスタコーヴィッチ。戦争で荒廃した祖国の再生を願ったオラトリオ「森の歌」でした。

そのころは、洋裁と言えば、古い服や着物からの縫い直しだったので、服をほどくのが私の仕事。私は母のそばで、カミソリとちょきちょきバサミを使って洋服をほどきながら、壮大な音楽と母の思い出話を聴いていたのです。

私にとってまだ記憶のない0歳から3歳までの出来事、戦争や引き揚げという悲惨なことも、心の底まで響きわたるように、感動的に受け取ることができたのは、この時の音楽のおかげだったかもしれません。

家は小さいけれど、にぎやかで、ご飯の時間となると誰か訪ねてくるようなわが家。離れ

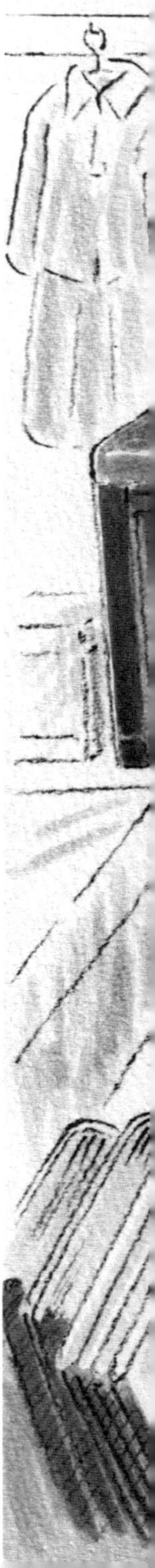

だったので台所はありませんでしたが、その代わり、仕出し屋さんにお魚料理を注文することもありました。夕方、仕出し屋さんに料理を受け取りに行くのも、私の仕事でした。

母は仕事をしていたので、わが家は貧乏な日と、余裕のある時の差が激しかったのかもしれません。着ているものも、毛皮のコートだったり純毛のワンピースだったり。「それって、上等のものじゃないんですか」と聞かれそうです。実はそれは、ララ物資というアメリカから届けられた援助物資を安く買ってきて、母が縫い直したものでした。

子ども心には、まわりの人たちと同じ方がよかったのですが……。京都の北の静かな田園に、どうしても少し不協和音の鳴り響くわが家の暮らし。

でも、加茂川《かもがわ》から見える比叡山《ひえいざん》、深々とした神社のたたずまい、絶えず流れる水の音、京都の暮らしはあまりにも素晴らしく、私の生涯の風景になっています。

今もうっとりするような気持ちで思い出すのは、上賀茂神社の中を流れる「ならの小川」に沿った神社の境内で、毎日のように遊んだ時間です。みんなで「だるまさんがころんだ」や

「おしくらまんじゅう」、「缶けり」やドッチボールをしたり、自転車乗りの練習をしたり……。

そのころは子どもの自転車なんてないので、誰かが持ってきた大人の自転車を、みんな交代で「斜め乗り」をして遊ぶのです。私は相変わらず下手で、自転車で目の前の人をよけようと思うのに、かわせなくてその人を川に落っことしたこともありました。

でも、浅い川だったので、今では笑い話。夏にはこの川を少し堰《せ》き止めて小さい子どもでも泳げる場所がつくられ、私はそこで初めて泳ぎの練習をしたのです。

川底に手をついて泳ぎの真似をしているだけでも、川の水がさやさやと体の中を流れていくような気持ちよさがあり、今もしっかり記憶に残っています。

この「ならの小川」は白壁の社家の並ぶ家の前を流れ、それぞれの家の敷地内に引き込まれていました。

ひとり遊びが好きだった私にとって、その小さな川のそばで、葉っぱを流したり石を並べたり、飽きもせずに水の流れを見つめていた時間は忘れられません。

京都での暮らしは、こんなふうに中学1年の夏まで続きました。

第2章 トコちゃんの青春時代

1 バレーボールの選手になったけど……

1956年春、12歳の私は加茂川中学校に入学。

京都市を北から南へと流れる鴨川《かもがわ》は、鞍馬山《くらまやま》のほうから出町柳《でまちやなぎ》までの上流が、加茂川と呼ばれています。その加茂川沿いの河岸道路に面した中学。加茂川の土手や河原が遊び場という開放的な学校でした。

当時の京都府知事、蜷川虎三《にながわとらぞう》さんが進歩派だったので、子どもたちに受験の苦しみを与えないためと、学校格差をなくすために、住んでいる地域から決められた1つの高校に入学できる学区制が敷かれていました。そのせいか、いたってのんびりした楽しい学校でした。

その入学早々、まだお互いの顔も覚えていないくらいなのに、クラス対抗のスポーツ大会が開催されることになったのです。それぞれの球技の選手を選ばなくてはなりません。私が選ばれたのは、なんとバレーボールの選手！　運動は徹底的にダメな私だと、誰も知らないのです。

鉄棒では逆上がりも無理、運動会では徒競走でいつもビリ、跳び箱も飛べない、ドッジボールも絶対にボールを触らない主義（？）だった私。その私が当時9人制だったバレーチームの一員になってしまいました！

堀川女学校時代バレー部のエースだった母が張り切ってコーチをしてくれることになり、みんな大喜びでチーム一丸となって放課後の練習に励んだのです。でも私のサーブがネットをどうしても越えないという大問題がありました。だって、どんなボールも10メートルに届かず落下してしまうというのが私の壁だったのですから。

母は、わが家の裏庭の奥に広がっている竹やぶを根っこから抜いてバレーコートをつくるほどの張り切りようです。でも、ついに試合の日まで私のサーブがネットを越えることはありませんでした。まったく、どうしたことでしょう。

でも、神様は私を助けてくれたのかもしれません。サーブの番が私に回ってきた時、突然立っていられないほどの腹痛に見舞われたのです。ちょっと前の私なら、モジモジして泣いていたかもしれませんが、「それはまずいでしょ」と自分に言い聞かせ、「残念だけど、サーブあきらめるわ！」と大げさに言い残してトイレに走ったのでした。

結局、誰にも責められず、ちょっと恥ずかしかったけど、ひたすらボールを触らないように、チームを盛り上げることができたトコちゃんでした。

内気だけれど、ワクワクする気持ちだけは人一倍だった私。

ほかにも、図工の時間に、「何でもいいから好きなものを描け」と先生から言われて、みんな好きなことを描いたのですが、その時、ある男の子が私の顔を描いてくれたのです！　驚いた私は、すっかりその子が好きになってしまって……。

そんなとんでもない幸せな出来事もあって、ほのぼの楽しかった加茂中生活でしたが、残念ながら1学期で終わることになってしまいました。

ほかでもない、この時も父の都合です！　キングレコードからの退社、歌謡学院の閉校と散々なことが続いた父でしたが、起死回生の王手をかけたのでした。入社したタイヘイレコードにアメリカのレコードレーベル、マーキュリーレコードが参入することになり、その営業部長になったのです。東京が本社なので、早速、父は上京。家族はそれを追いかけての東京引っ越しとなりました。

やはり東京に行く、というのは、ちょっと晴れがましいようなうれしさがあって、みんな張り切って引っ越しの準備をしたのでした。

2

富士山だ！

夜行列車で京都駅を発ち、東京に着いたのは8月8日の朝でした。「末広がりや！」と父がはしゃいでいたので、この日付を忘れません。

初めて乗った寝台列車、興奮で早く目を覚ました私は、通路にたたずんで走りすぎる景色を窓から食い入るように見ていました。突然、目に飛び込んできたのは朝焼けの光を受けた富士山！　ドーンとしたその美しさを全身で受け止めた瞬間は、これから始まる東京という物語の、まさに表紙の絵でした。

品川駅で降りると、駅前の広場は石畳《いしだたみ》。そのまっただ中を1台のリヤカーが横切ったのです。引っ張っていたのは半ズボンをはいた女性！　その颯爽《さっそう》とした風景が衝撃的でした。「ウワーッ！」と思わず心の中で声をあげた私。京都では絶対にない都会のシーンでした。

まだ3歳で初めての東京を体験した私は、今はもう12歳。この東京で自分の人生を始めようとしていたのです。

落ち着いたのは世田谷区の住宅街の一軒家。20坪の建物と20坪の庭がある、初めて「家」と呼べる家でした。玄関から入ってすぐの洋室が私と兄の勉強部屋、奥の座敷にはピアノを運び込み、そこが姉の部屋で夜だけは私の寝室になり、姉と並んで寝ていました。真ん中の部屋が両親の寝室。台所に近い茶の間にはこたつがあり、みんなの団らんの部屋でした。

夏休み中に姉は転入試験を受け、都立駒場高等学校音楽科に入学が決まりました。実はこれにもちょっとした騒動があったのです。

当時、東京都立高校への転入はとっても倍率が高く難関だとわかって、でも音楽科なら大丈夫かもという情報から、姉は急にバイオリンの実技試験でがんばることを決め、毎日猛練習。板橋のころから習いはじめていたバイオリンでしたが、別に音楽家になることをめざしていたわけではないのに、こんなことになったのでした。いつも、どさくさまぎれの綱渡り。それがわが家の流儀なんですね、まったく。

9月1日の2学期の始業式は、姉も同じ日だったので、私のほうには大学受験浪人中の兄がついてきてくれました。世田谷区立桜木中学校。何の問題もない気持ちのよい始業式でしたが、なんと翌日に学力テストがあるという激震。京都と違って、厳しい受験競争がここにはあることを思い知らされたのです。そして翌日、その試験で出された問題がまったくわからないという恐怖を味わい、結果、私は大好きな数学で0点を取ってしまいました。

それがきっかけだったのですが、もう1つは京都の方言から標準語への切り替えが不安なばっかりに、私はすっかり引きこもりになってしまいました。外へ出るのが怖くて、学校が終わるとさっさと家に帰ったのです。

兄が明けても暮れても机にかじりついている受験生だったことにも影響されて、私はなんとなく机の前にいると落ち着く、そんな時間が増えました。

勉強する、といってもそのころは、問題集やドリルなど勉強の材料があまり売っていなかったので、先生が黒板に書いたものを書き取ったノートをもう一度書き直したり、教科書の文章をノートに書き写したり、そんなことをして時間をつぶしていました。母がしきりに、そんな勉強でいいのかしら、と心配していたのを思い出します。

そんなこんなで、パッとしない中学1年だったのですが、2年生にもなると、元気いっぱいの同級生にあおられて、結果としてそれはそれは面白いエピソードいっぱいの中2生活となりました。

3

好きな人の名前、書いて消したのに

とにかく活発な女子が多かった中学2年のクラスでしたが、そのころはどんどん生理が始まっていく年齢で、体育の時間に「見学」を申し出る女子生徒が多かった時、男性の体育の教師が、「お前ら、本当なのか?」と言い出したのです。それを聞いた女子が、黙っていません。

「先生の発言に抗議して、今日は全員、見学します!」と決定したのです。

あきらめた先生は、「じゃあ好きなようにしろ!」と吐き捨てて、男子生徒だけに授業をしました。そして、授業の終わりに先生は、「おい、加藤、お前は学級委員だろ、みんなを代表して今日の責任をとって、職員室に来い!」と言ったのです。

みんなは猛然と反発。「加藤さんだけはおかしい。私たち全員行きます」と、全員で職員室に押しかけたのです。先生もタジタジで、結局、「さっさと帰れ!」ということになりました。

またある時、席替えのクラス討論の時、ある女子生徒がこう言ったのです。

「男の子の隣に座りたくありません」

そのころは2人がけの机で、必ず男女が並ばなければいけないと決められていました。これも戦後の民主教育普及でGHQからの要求があったのでしょうか。先生は自分の考えとは言えないけれど、守らなくてはなりません。

先生が「どうしてだ?」と聞くと、女の子たちは「臭いからです」と答える。先生は困って「男女並ぶ、というのが民主教育の方針で、それは守らなければいけない。どうすれば納得できるか、考えてくれ」と言いました。話し合いの結果はこうです。

「好きな男の子とならいいです!」

それで、男女とも自分の好きな人の名前を書いて先生に提出し、先生に席を決めてもらう、という解決方法に決まりました。配られた小さな紙に、私は一度、ちょっと気になっていた男の子の名前を書き、でもなんだか恥ずかしいのと、向こうの気持ちがわからないのが不安で、必死になって消しゴムで消し、白紙で出したのです。

ところが……。席が決まった時、私の隣はその男の子でした! ということは、先生が消しゴムの跡を読み取ったか、彼が私の名前を書いたか。真相は今も不明です。

席替えの結果は、好きな男の子が他の人と並んでしまって泣き出す女の子もいて、それはそれは、大変な顛末《てんまつ》になったのでした。先生も大変でしたね!

4 スンガリー開店！

母も仕事をせず、時にはピアノを弾いたりして、落ち着いた東京生活が続いていましたが、ある日突然、予想もしない形でその日々は終わりました。

私が学校から帰ると玄関のドアにも、縁側のガラス戸にも鍵がかかっていて中に入ることができません。何の置き手紙もなかったのですが、実はその日が、わが家の家業となるレストラン・スンガリー開店の日だったのです。

父が家族に何の相談もなく新橋の駅前にレストランを開店。

ハルビンに残っていたロシア人の中には、日本人と結婚していたり、ロシア人と日本人の間に生まれたりした人たちが多くいました。彼らがどんどん日本に引き揚げてくるようになったことを受けて、彼らの働く場所が必要だと痛感した父が、急な思いつきで開店したのです。

すべてをロシア人従業員で運営するつもりで開業したお店でしたが、もう開店早々から大変で、母が急に呼び出されてお店に駆けつけた、というのが真相でした。

それからは毎日、母がお店に出かけることになってしまい、私には大きな衝撃でしたが、そのレストラン・スンガリーこそが、故郷ハルビンを私に教えてくれる大事な場所になりました。

「スンガリー」とはハルビンを流れる大河、松花江のこと。父はもう永遠に戻ることのできない若い日の夢と、戦争に振り回された幾多の人々の運命の帰り着く地として、この店にハルビンの再現というロマンを求めたのです。

そこに強い想いがあることは、百も承知の母でしたが、すべての展開があまりにも急で、その度に対応を迫られるのはさぞ大変だったことでしょう。

でもレストラン・スンガリーで働く面々は本当に素晴らしく、みんな母のもとに和気あいあいと集い、楽しい毎日になりました。

コック長のクセーニャさんは、1917年、ロシア革命の年に生まれ、満州に逃げてきたコサックの頭目《とうもく》の娘。大変な過去の持ち主でしたが、その人生については後でご紹介することにしましょう。客席を仕切るガリーナさんは超美人（エリザベス・テーラーに似ていると大人気）。ハルビンで日本人男性と結婚して、日本に引き揚げてから離婚、娘を1人で育てているシングルマザーでした。英語が少し話せるインテリのエリカさんは、日本人男性とロシア人女性の間に生まれたハーフ。日本に引き揚げてから両親は離婚、エリカさんはひとりで学校を出て東京で暮らしていました。それぞれなんらかの形で日本人と家族になり、離別しながらも、日本国籍を持つロシア人でした。

もともと亡命ロシア人だった彼女たちが、そんな厳しい運命の中を、颯爽《さっそう》と生き抜いているように見えて、私は大好きでした。

クセーニャは私がお店に行くと「ミーラヤ・ジェーブシュカ（かわいいおじょうさん）」といつも抱きしめてくれて、私の誕生日には美味しいケーキを特別につくってくれました。

それは初めて味わったナポレオン・パイ！　固いパイ生地と生クリームがいくつもの層になっているミルフィーユです。その美味しさが今も忘れられません。

お店ではロシア民謡のレコードが流れ、閉店のころになると、どこからか集まって来るロシアゆかりの人たちでにぎわい、いつの間にか大合唱が響き渡っている！　父と母の新婚のころのハルビン生活がそのまま戻ってきたような毎日でした。

母も改めてロシア語の勉強を始め、私にロシア語のキリル文字を教えてくれて、一緒に辞書を引きながら、「モスクワ郊外の夕べ」の意味を調べて歌ってみたことがあります。ずっと後に、歌手として生きることになった私にとって、ここで聴いた音楽や、彼ら亡命ロシア人とのつながりが、運命と言ってもいい強烈な赤い糸になることを、この時は知る由もありません。

5

ニコライ堂でコサックの結婚式

さて、コック長のクセーニャさん。

彼女の運命はそれだけで大河ドラマになってもいいような、すごい歴史です。生まれたのが１９１７年11月7日、ロシア革命の起こったその日でした。バイカル湖の東側でコサック村を築いていた頭目の父とペテルブルグの貴族の母の娘として誕生します。革命が起こった時、父は直ちに赤軍《せきぐん》（革命側）に対抗する白軍《はくぐん》（反革命側）のコサック部隊として戦闘に出ていき、残った家族は生まれたばかりの赤ん坊を連れて満州に逃れて行ったのです。母親は3日後に亡くなったそうですが、クセーニャはソ連と満州の国境近くの町、ハイラルで育ちます。

後にそこで日本軍の防寒服のための毛皮を手に入れる仕事をしていた日本人男性と結婚、4人の息子を育てました。それが偶然にも、私の父と母が結婚したのと同じ１９３５年。クセーニャはまだ17歳でした。

それから10年後、彼女は27歳で夫と離別。終戦前、彼女は長男のヴィクトールといちばん下の息子とそのままハイラルに残り、父は次男、三男を連れて別の女性とハルビンに住んでいた、というわけです。

1945年8月9日ソ連参戦の日。10歳だった長男のヴィクトールはコサックの少年のきまりとして、ひとりで馬といっしょに山で過ごす修行の期間に当たっていました。ハイラルでコサック集団の中で暮らしていたクセーニャは、ソ連の襲撃を恐れて、ヴィクトールの帰りを待つことも、知らせることもできず、コサックの人たちと山に逃げたのです。コサックの伝統として、このように離散してしまった時、集まる場所が決められていて、そこで再会できると彼女は願っていましたが、ヴィクトールはそこに来なかったのです。

ひとりぼっちになったとわかった彼は、ハルビンの父のところに向かいます。やっとのことでたどり着いたハルビンでしたが、父の家族とうまくいかず、再びそこを飛び出して、ひとり日本に引き揚げたのです。といっても、ロシア人の顔の彼は、引き揚げ列車には乗せてもらえず、なんとたったひとり、引き揚げ列車の線路を目印に、木の枝でつくったパチンコとナイフだけを使って鳥やウサギなど食料を手に入れ、野宿をして引き揚げ船の港までたどり着いたのだそうです。

驚くべき生命力と知恵で生き抜いたヴィクトールでしたが、日本でも惨憺《さんたん》たる苦労をすることなってしまいます。なんとか父の親戚を頼って生き抜きますが、中国に残っていた母の居場所を探しあててやっと見つかった時、なんとか会いたいと願って何度も手紙を出しました。その手紙を読み、クセーニャは日本に引き揚げる決心をしたのです。離婚は法的に成立していなかったので、彼女には日本国籍がありました。

1953年、クセーニャが舞鶴港に引き揚げてきた時、迎え出たのは、もちろんヴィクトール。17歳になっていました。何年もの間離れていた彼らにとって、それはどんな再会だったのでしょう。その後も暮らしていくには大変だったでしょうが、なんとか東京郊外の清瀬にあった引揚者住宅でクセーニャとヴィクトール、そして弟のイーグルと3人で暮らしていました。

そんなものすごい履歴を、あっけらかんと笑いながら話してくれる豪快なオバちゃん。その息子たちもカッコよくて、お店の人はみんな大好きでした。

そんな中、その21歳になった長男ヴィクトールが御茶ノ水駅近くのニコライ堂で結婚式を挙げることになりました。

私にとって初めてのロシア正教会。そこはイコンやステンドグラスに彩られた圧倒的な空間でした。荘厳さと美しさと音楽、そこでのすべてが、これまで味わったことのない世界、私にとっての革命だったと思います。私も式に参列することになり、私がまだ子どもなので白い服を着てウェディングドレスのヴェールを持つ天使の役を受け持つことになりました。

花婿花嫁の後ろには、その日参列するすべての人がカップルになって続きます。讃美歌の重々しいハーモニーの中で行われた結婚式は、これまで見たことのないオラトリオ（合唱劇）でした。

結婚式の後は、みんなが吹きかける花吹雪の中、ニコライ堂の敷地の中の小さな建物に場所を移して大宴会が始まりました。その日のカップル全員が抱き合ってアルコール40度のウオッカを飲み干し、熱烈なキスをする！　みんなが「ゴーリカ！　ゴーリカ！」と囃し立てる！　その乾杯の儀式が延々と続きます。「ゴーリカ」は「苦いぞ」という意味で、もっと甘くなるまでキスをしろ、と言っているのです。

ずっと後になって文豪ショーロホフの『静かなドン』を読んだ時、主人公が結婚式を挙げるシーンがこの日の一部始終とそっくり！　それを知った時の感動は大きかったです。

「どんなに故郷から離れても彼らは、食の伝統を守り、音楽を楽しみ、生活のスタイルを守り通すのよ！」

母が言っていた亡命ロシア人の魂が、熱烈なパワーで爆発しているのを目撃したのです。

宴は限りなく続き、歌が歌を呼び、ひとつの声が地の底から立ち昇るハーモニーに包まれていく、渦巻くようなコサックのコーラスを聞くことができました。最後には花婿が花嫁を抱き上げて踊り、コサックダンスの頂点を見せてくれました。コサックと一緒に生きていたのは10

歳までだったはずなのに、ヴィクトールのコサックダンスは見事でした。申し分のない祝福の喝采を受けたヴィーチャ（ヴィクトールの愛称）でした。

「コサック」とはトルコ語で「自由の人」という意味。かつて農奴《のうど》だった人たちが自由の天地で生きようとして独自の農業コミュニティーをつくり、騎馬による技術を磨き、戦闘集団として勇名を馳せた人たちです。広くロシアのあちこちにその集団は広がり、今のウクライナあたり、ドン川やドニエプル川周辺にもたくさんのコサック村がありました。

国を持たず、それでも自分たちの強さを示すために鍛え上げた騎馬部隊として、長い帝政ロシア時代、いつも戦いの先頭に立つ民として生きてきた！　その誇り高く、激しく熱いコサックの生き様が、とてつもない強烈さで14歳の私の胸に刻まれました。今もこの日の出来事を忘れたことはありません。

6

私って、音楽が好きなの？　嫌いなの？

1957年、私が中学2年の春、姉は東京都立駒場高校音楽科で毎日バイオリンの猛練習、受験浪人生だった兄は無事に一橋大学に入学を果たし、めでたしめでたしの結果になりました。兄の勉強部屋には、ゾロゾロと兄の友達が集まるようになり、私はその中でちょっとしたアイドルといった感じ。みんなにかわいがってもらったのでした。

兄の友達の中には、当時激しくなり始めていた学生運動の闘士《とうし》もいて、さながら革命家のたまり場。未来を語る熱気の渦巻く場所でもありました。

そのころ「うたごえ運動」というものが学生の中で広がっていて、主にロシア民謡をみんなでよく歌っていました。私の中学でも先生の中に熱心な人がいて、歌集を回したりしていたのです。

兄も時々、部屋でみんなに歌って聞かせていたりしていましたが、あんまり上手じゃなくて、つい私が代わりに歌って拍手をもらうなんてこともあり、歌うことは大好きでした。

でも私の中には音楽コンプレックスがあって、「私は歌う人じゃない」というブレーキがかかっていました。

だって、どうしたって声が低いのです。音楽の教科書に書いてある譜面の高さではどうしてもうまく歌えなくて、音楽の時間がいやでした。

母から「ピアノを習いなさい」と勧められた時も、「私は音楽には進まないから」と拒否したのでした（今はちょっと後悔してる！）。

日比谷公会堂で行われる合唱コンクールに出場することになった時も、もちろん低音部に回り、ちょっと地味な立場でボソボソ歌っているのが物足りなくて、あまり興奮できなかったことを思い出します。

でも、ある日、音楽の先生が「教科書の中から好きな歌を選んで歌っていいよ」というテストをしてくれたのです。私は必死になって自分の音域に合う歌を選んだのだと思います。

テストが終わった時、「一番自分の声に合った素晴らしい選曲をしたのは、加藤だったな。ちょっと僕は感動した」とベタ褒めしてくれたのです。

選んだ歌がなんだったか覚えていないのですが、確か北欧の歌でした。

本当は歌うことが好きだったんだな、と思える出来事はいろいろあります。

「野ばら」というウィーン合唱団の映画を見た後、私は夢中になってドイツ語で「野ばら」を覚えたのでしたが、クラスメイトにも無理やり覚えさせてハーモニーを歌わせたりしたらしいです。自分ではそんなことをした記憶はないのですが、中学のクラスメイトにずっと後になってそう言われました。

そういえば、音楽の授業で先生が「誰かピアノの伴奏、弾いてみたい人はいませんか」と言い出した時、つい手を上げてしまって、ドキドキしながら教室でピアノを弾いたこともあったのです。

それでもまだ「本当は音楽好きなの」と認められない私でした。

7

駒場高校放送局のアナウンサーに

兄たちの世界、スンガリーで出会う人々、胸を熱くする音楽……。ようやくいろんな色に染まってきた中学生活でしたが、まわりの激動があまりに強いので、私だけは蚊帳《かや》の外にいるような、はっきりはしない存在に思え、どうしたらいいかわからないもどかしさを感じていました。

中学卒業時の通信簿に、担任の先生のこんなコメントがあります。

「君はまだ眠っているんだね。これからどんどん目を覚ましていくだろう。楽しみにしているよ」。なんだかすべてを見通されているようで、なんとなくほっとしたようなうれしい気持ちになったのを覚えています。

そして１９５９年、私は念願の東京都立駒場高校に入学しました。姉がこの高校の音楽科に入っていたので、毎年学園祭を見てあこがれるようになり、中でも駒場放送局（ＫＨＫ）の生放送のパフォーマンスに惹《ひ》かれていたのでした。

入学試験の時もKHKの女子アナウンサーの声でテストが始まります。

「受験生のみなさん、テスト開始5分前です」「テストを始めます」「時間です。鉛筆をおいてください」

その柔らかな声に憧れて、入学してすぐにKHKに入部、アナウンサーをめざしました。

アナウンス講習会にはNHKの現役アナウンサーが来てくださり、NHK講習と同じ教材で発声、早口言葉や、天気予報アナウンスなどを練習するのです。というのも、このKHKからNHKのアナウンサーになられた先輩がおられたからとのことでした。毎日、朝の放送、お昼の放送、放課後の放送を校内に流すのです。入学試験の時から聞いていたあの優しい声をめざして。

そして私は、1学期の終わり、全国高校放送部コンテストに出場することを決断したのです。これまでも先輩が好成績を上げてきたKHKでしたから、期待された挑戦でした。私は朗読部門に「赤毛のアン」で参加を決め、練習に励みました。

もうすぐ本番というころに、風邪を引いた私は、それでもめげずに練習していましたが、当日の朝、完全に声がつぶれていました。中1の時のバレーの試合と同じ悪夢の再来。「残念、あきらめるわ」と、この時もみんなに言ったのです。

そうしたら、ＫＨＫの顧問の先生が、なぜかうれしそうに笑いながら、こう言いました。

「大丈夫だ。マイクという強い味方があるんだ。かまわず出場しなさい」

それで、私はそのひどい声で、それでもがんばって出場したのです。拡声された声はゾッとするような声でしたけれど、なんとかめげずに最後まで読みました。先生が言うように、いい声でなくても、それなりに伝えることはできるんだ、と不思議な納得がありました。

結果は、なんとか入賞者の端に名前が入るくらいの20位。

それから何十年もマイクを握って仕事を続けていて、声の調子の悪い時、あの日の試練を思い出して自分に言い聞かせることがあります。「マイクという強い味方があるじゃないか」と。

2年生になり、私はアナウンス部長。局長は佐藤信《まこと》。もうすでに彼は劇作家として生きようと決めていました。後に劇団自由劇場「黒テント」を主宰し、日本にアンダーグラウンドの演劇運動を起こしていった人です。

校内でも圧倒的な人気を誇るＫＨＫ（駒場高校放送局）は１００名に近い部員を確保していました。そこに、4月、新入生が入ってきたのです。入部希望者は教室に入りきれないほど。その中に、なんと吉永小百合さんの顔がありました。

小百合さんはもうすでに映画で華々しくデビュー、雑誌の表紙を飾る大スターでした。大勢の中にいても光を放つ彼女の前に私は立ち、「あなた、アナウンス部にどう？」と誘い、彼女を獲得したのです。その時、まっすぐに私を見上げた小百合さんの瞳は、写真で見るよりも数倍素敵でした。

多忙を極めた彼女は残念ながら1学期しか在学しませんでしたが、ＫＨＫのアナウンス講習会には真剣に出席していた姿を私は見ていました。その後も日本を代表する大女優として活躍する吉永小百合さんの15歳の素顔は、今も鮮やかに私の心に残っています。

今もこの駒場放送局（ＫＨＫ）での経験は、今の私の中で、大事な基礎になっているのかもしれないと思えてなりません。

吉永小百合さんの美しい日本語の語りを聞いていても、ちょっとそんなことを思います。

「あー、あの時のレッスンを小百合さんも大切にしているんだな」と。

高校生のくせにいっぱしの劇作家のつもりだったり、ジャーナリストのつもりだったり、アナウンサーのつもりだったり……。

でもそれでいいんです。高校生は大人が考えるほど子どもじゃない!!

大人になってからも、真剣に取り組んだ感覚は、何も違わないなあ、と感じるのですから。

8
高校生は緑の旗

駒場放送局での活動に明け暮れる中、大勢の部員と毎日、校内放送を流し、みんなでワイワイ番組をつくり、すべての時間をともにしていました。

局には技術を受け持つ技術部、台本を作る文芸部、アナウンサーに指示を出す演出部があり、それぞれに部長がいました。ニュースの配信、ドキュメンタリー番組の制作、ラジオドラマと、やる気になればなんでもやれる、そんなＫＨＫ。高校生なりにジャーナリズムの一角を担っているという社会人としての自覚が芽生えた私でした。

高校では3年生になると受験でがんじがらめになるため、2年生があらゆる意味で活動の主導権を持っていましたから、もう大張り切り。

この年、１９６０年は春から日米安全保障条約（安保条約）をめぐる問題で、世の中は激しく動いていました。5月19日に安保条約改定案が、野党が欠席する国会で暴力的に強行採決されたことで一気に反対の声が上がり、6月4日には全国の交通機関や企業が参加してゼネストが決行されるという事態になっていたのです。

そもそもこの安保条約って?

出発点は1951年、サンフランシスコ条約でアメリカの日本に対する戦後占領がやっと終わった! と思ったのとほぼ同時期に、アメリカと日本の軍事同盟が発足、米軍の在日駐留が決められたのです。それが日米安保条約です。

それから10年経った60年、その軍事同盟をさらに強固にするために日本もアメリカと同等の防衛義務を持つ日米共同防衛が明記されることになった、それが安保条約改定法案です。

まだ戦争が終わって15年しか経っていないこの時期、もう1度日本は、戦争のできる国になろうとするのか? 2度と戦争をしないと決めた平和憲法があるのに? 反対は、ほぼ国民全体の声でした。

6月4日のゼネストが発表された時、「私たちもこの行動に参加するべきじゃないか」と、私はKHKのメンバーに提案したのです。思いがけず賛否両論があり、その日は夜遅くまで大激論。論争の中心は、安保条約改定に賛成か反対かではなくて、高校生の政治参加の賛否でした。「まだちょっと早いんじゃないか」という躊躇《ちゅうちょ》です。

一晩中語り合った結果、私と友だち3人で「やっぱりデモに行こう」ということになり、6

月10日のデモに行きました。

その日は赤坂の清水谷公園から渋谷の南平台までのデモ行進。青山通りがデモする人で埋め尽くされるほどの大きなデモでした。お天気もよくて道路沿いのビルの窓からは手を振ってる人もいて、高校生もたくさん参加しており、高校生を束ねる「高校生会議」の淡い緑色の旗も、青空に揺れていました。

悩んだことが嘘のようで、素晴らしい瞬間に出会っているうれしさで胸がいっぱいでした。

そのころ、安保反対の声は一般市民や俳優、教授など国民的な広がりになっていて、そういう人たちが「声なき声の会」という会をつくって、デモに参加していました。それから連日、国会のまわりは数十万の人で埋め尽くされ、そして6月15日という日を迎えたのです。

その日は暗い雨の日。KHKの中でもデモに行きたい人が増えて、10人くらいセーラー服のままデモに参加した女子といっしょに国会に向かいました。

国会を取り巻く人々がほとんど動かず、不気味な静けさが漂っていました。夕方になると、デモ隊の前のほうで血だらけになった人の姿が見えるようになり、「高校生、特に女子は帰りなさい」との大学生の指導部から強い指示が出て、私はその日初めてデモに行った友だちのことも心配で、帰宅を決めたのでした。

その夜、テレビで国会周辺からの様子が生放送され続けたそのニュースで、学生たちが国会構内に突入したこと、そしてそれを阻止しようとした機動隊と激突し、ひとりの東大生、樺美《かんばみ》智子《ちこ》さんが亡くなったことを知ったのです。

亡くなったのが女子学生だったことに大きな衝撃がありました。その微笑みをたたえた写真が発表された時、日本中が大きな悲しみに包まれました。翌日から毎日、樺美智子さんの写真を掲げたデモが続き、デモに絶対行かないでくれ、と先生たちに拝み倒された私たちも、18日の葬儀のデモには花束を持って、デモ隊の横を泣きながら歩きました。

未来のために命をかけようとした人がいる！　デモに参加したことで、やっと声を上げたと思えた私にとって、樺美智子さんは遥か遠くの存在でした。

人はこのような激しい力の前で、どこまで自分自身を貫くことができるのか？　そこに大切な命まで捧げてしまっていいものなのか？

やっと歩き出した私の心に、深い悲しみと畏敬《いけい》の思いが刻まれた、16歳の夏でした。

安保反対
平和

9

『太陽がいっぱい』

新安保条約は18日の夜に、国会が閉鎖されたまま、議決なしで批准が自然成立しました。ひとりの犠牲者を出し、無数の負傷者を出してまでも戦った学生、国会周辺を取り巻いた数十万の人々は、18日の深夜、沈黙の中でその成立の瞬間を迎えたのです。

そこに参加できなかった私たちも、虚しさと大きな敗北感にとらわれながら、やり場のない思いを抱えて、何となくKHKの部室にたむろって過ごしていた、その夏。

フランスの映画『太陽がいっぱい』が上映されたのです。なぜかみんなでゾロゾロと連れ立って観に行った日のことを覚えています。画面から飛び込んでくるタイトルバックのカッコよさも息をのむような斬新な作品で、後ろの席で、KHK局長の佐藤信が「チキショー！　チキショー！」とつぶやいているのが聞こえてびっくり。これから何をすればいいのか、目標をなくして漂流しているような私たちに、何かを表現する、というブイが投げられた瞬間だったかもしれません。私は、もうただただ主演のアラン・ドロンに吸い寄せられて夢中になりました。

急にいろんなことに目覚めた私の16歳。秋の学園祭ではクラス演劇で『三年寝太郎』という民話のお芝居を上演することになり、私は寝太郎のお婆さんの役を演じ、メイクから衣装まで走り回り、初めて舞台に立つ面白さに興奮しました。夏休み返上で教室に仮の舞台を組み、みんなで日が暮れるまで練習を続け、文化祭を迎えました。

それが終わると、今度は修学旅行でした。みんなの希望できまった東北旅行。平泉の平等院から始まり、岩手の八甲田山、十和田湖、そして奥入瀬川を歩いて青森、という素晴らしい旅行でした。最後は青森駅から上野駅まで十数時間の夜行列車。

みんなでトランプをしたりの大騒ぎをして、まったく眠らずに帰宅した朝。もうバタン、と眠って、やっと目を覚ました夜。とんでもないニュースが飛び込んできたのです。

社会党書記長の浅沼稲次郎さんが日比谷公会堂で行われていた立会演説会中に、何者かに刺されて死亡。刺したのは山口二矢《おとや》という17歳の右翼少年。日本では滅多にないテロ事件でした。

1960年10月12日のことです。

このテロ事件は、安保闘争後の日本があっという間に保守化していく道の上にありました。

10

東大受験

なぜか世の中の事件と遭遇してしまう偶然に事欠かない私の人生ですが、それと比べても劣らないほど、折々の場面転換を用意してくれるのが父でした。

マーキュリーレコードの営業部長を務めながら、レストラン・スンガリーを経営していた父は、59年にはマーキュリーレコードを解散。安保闘争の終わった60年8月にレストラン・スンガリーを新宿歌舞伎町に移転。音楽プロデュースを手がける加藤プロダクションを運営しながら、本格的なレストラン経営に乗り出していました。

そして迎えた1961年の春。私は高校3年。いよいよ受験シーズンに向き合うことになっていました。

高校3年の担任の先生は、私にこう告げたのです。「加藤、お前は入学のころはなかなかの成績だったが、今やガタ落ちだ。このままじゃ、東大なんて絶対無理だぞ」と。

私はとっさに、こう答えました。「先生、高校生でなければできない高校生活があるんです。それを受験で犠牲にはしたくない。私はダメでもいい。浪人してもいいんです」。そして、東大をめざすと決めていたわけでもなかった私が、先生を目の前にして思わず、「東大しか受けません」と宣言してしまったのです。

もちろんその気持ちの中には、樺美智子さんへのあこがれがあり、60年安保闘争を先頭で引っ張っていた東大生への絶大なリスペクトがあったのは確かです。でももう1つは、父がチラッと反対したから、なんです！「女の子が東大に行ってもなあ」と。

そうしたら母が猛烈に応援してくれて、「そんなことないでしょ！」って言ってくれたのです。

こうなったらもう後には引けない！ 前に進むしかなかった私。

また、こんなこともありました。

高校の社会の先生にある日、質問に行きました。「歴史の勉強では、いつも何時代はこういう社会で、何時代はこうなった、とか覚えさせられますが、その間のことは教えてくれないですよね。私は、変わり目が知りたいんです」と。

すると、先生はこう言いました。「そうだ、それこそが歴史学だ。君は歴史学者になって、そこを研究しなさい。高校では教えないぞ」と。

それで、ある時、東大のキャンパスで開かれていた歴史の勉強会に私を連れていってくれたのです。うまいなあ、と思います。「歴史学者になれ」なんて言われて、ちょっぴり本気でその気になった私。

実際には東大受験は、試験科目が多くて大変。何度も挫折しそうになって迎えた1962年3月。落ちてあたりまえと思って受けた東京大学文科三類。発表の日、落ちるに決まっていると思っていた私は予備校への入学申し込みをしてから、発表を見に行きました。兄がついてきてくれていましたが、張り出された発表板の中に、私の受験番号があるのを見つけたときは、本当にびっくりしました。まさに奇跡というしかありません。

うれしくてうれしくて、家に帰るまでのことを覚えてもいないぐらいです。

いつものように、まったくの想定外。東大生へのドアが開かれたのでした。

第3章

大学生で歌手に！

1

女子ボート部で美人をめざす

真っ暗な受験のトンネルを抜けたら、そこは晴れて東大のキャンパス！　その喜びはどれほどのものか、私も大いに期待していました。そりゃそうでしょう。それだけの奮闘はしたつもりだし、そうでなくちゃね！

でも実際には、なんだか晴れ晴れとしたことがあまりない毎日が始まりました。

いつもと同じ定期券を使って、井の頭線の東大前駅で降りて、都立駒場高校の時と反対のほうに歩いて行って東大教養学部の正門へ、という日常。ぞろぞろ歩いていく東大生にこれといった輝きも感じられずに、うつむき加減の学生の中を歩いて登校していました。

最近はこの正門から正面玄関の間に、うっそうとした木に覆われた緑地帯があるようですが、あのころは、だだっ広い小砂利《こじゃり》の敷き詰められた大きな広場でした。正面玄関を入ると、そこは象牙《ぞうげ》の塔らしく重々しくて陰気な建物。

クラス50人中、女子は7人。第二外国語をドイツ語にしたために、女子の少ないクラスでした。圧倒的に浪人経験者が多く、現役生はちょっと幼すぎてバカにされる感じ。すごい人は16浪。一度社会人を経験してから入ってきたというので大尊敬され、5浪、3浪、2浪という人はさすがに大人っぽく、貫禄《かんろく》がありました。

入学してしばらく経った時、男子だけで新入学を祝うコンパを開いていたことがわかり、私たちは大いに憤慨し、「女子も呼んでよ」と抗議したのですが、いざ次の会に参加してみると、もうおっさんみたいな酔っ払いがいっぱいいて、ちょっとビビった私でした。

ただでさえ大卒の女子は一般企業への就職が難しい時代。まして東大の女子は教師か研究職か役所に入るしかない、と就職についての悲観的なガイダンスがあり、さらに「東大卒業の女子の結婚率は20%以下」と、非婚率の高さを警告する、先輩たちのオリエンテーション。

なんだか、暗礁に乗り上げた気持ちになっていたある日、正面玄関の前にそこだけが光が射すように華やかな女子の集団が「新入生歓迎」のポスターを持って集まっていました。もう、何も考えず引き寄せられた私。それが女子ボート部との出会いでした。

その謳《うた》い文句は「ボート部に入ると必ず美人になれる」だったのです。

東大ボート部といえば、兄の通っていた一橋大学とのレースを見たことがあり、8人乗りのボートの選手は颯爽とカッコよくて、あこがれの的でした。でもこの「女子ボート部」は、もうやっとのことで部員を確保して活動している弱小クラブ。勧誘も必死です。でも先輩たちが確かに美人揃いだったので入部を決めました。もちろん美人になるために！

初めて埼玉県戸田市にあるボート場に出かけた時、まずはウエストサイズ、ヒップ、バストなどを採寸し、さらに腕回りや太ももの皮下脂肪の厚さも測る念の入れようにビックリ。１年後に寸法がどれほど変わるかを楽しみに、ということでした。女子ボート部も男子と同じ建物を使うので、そこには憧れの男子選手たちがウロウロしていて、それがもうカッコよくて、ウキウキしてしまった私でした。

６人乗りの木製のボートを担いで水に浮かべ、スライドするシートで身を滑らせ、声を合わせてオールを漕ぐ！　ボートに乗るその気持ちよさに、うっとりしてしまった私。それからの戸田通いに胸を躍らせていたのでしたが、そんな穏やかな日々は結局、そう長くは続かなかったのです。

2

私はまだ18歳

１９６2年というと、学生運動の歴史では安保闘争敗北の後の空白の時期といった印象がありますが、実際にはこの年、文部省による大学の直接支配を狙った行政改革が施行されようとして、その「大学管理法」に反対する大きな学生運動の高まりが起こっていました。

それに、新安保条約が決まった途端に、再軍備を可能にするための憲法改正に向けて憲法公聴会が頻繁《ひんぱん》に開かれたのです。反対のデモに行った人はみんな血だらけで帰って来て、公聴会の会場を守る警備体制の厳しさがうかがわれました。新日米安保条約のもとでの防衛体制を整える実態が、着々と進んでいたのです。

でも同時に、60年安保条約を通してしまった敗北感が、学生運動内部に憂鬱《ゆううつ》な影を落としていたことも事実で、それは内部分裂の火種となってくすぶっていました。

私自身の、１９６０年の秋から始まった自問自答の中で、政治活動とは一線を置きたいと思う気持ちも、どうしても消えない本音でした。

　実は60年の夏休み、安保闘争の総括をする大学生の集まりが東大構内で開かれ、兄が「お前も行ってみるか」と誘ってくれて、会議の開かれた部屋の隅に座って聞いていたことがありました。そこで語られた主旨はこうでした。「6月18日、国会に突入していれば、革命が起こっていたかもしれない。何人かの犠牲者が出たとしても決行すべきだった」という発言があり、指導グループの弱腰を批判する意見でした。

　私はまだ未経験ながら、少し違和感を感じたのです。たとえ国会突入で政権に打撃を与えたとしても、それはクーデターじゃないだろうか。どんな未来が創れるのかヴィジョンが見えて、それに共感して社会全体が動いた時、初めて革命と呼べる変革が起こるはず。政治だけが変わっても、社会は変わらないのではないか、と。

　18日の突入ができなかった実際の経緯はわからないけれど、樺美智子さんの死はあまりにも大きく、その悲しみに打ちのめされた学生指導部が、さらなる行動を提起できなかったことを、私は責めたくはない、と感じたのです。どんな時も自分たちの行動を正当化する人たちが力を持ち、立ち止まるより前進することが求められる！　そこに政治の怖さがあるような不安を感じたのです。日本の戦争を止めることができなかったのも、それだったのでは？　と。

　そんな思いを心にくすぶらせていたある日、家で母が、兄にこんなことを言っているのを聞いていました。

「国会のまわりを何十万人が取り囲んでも、犠牲者が何人出ても、勝てるはずなかったのよ。国家というものの怖さをまだあなたたちは知らない。どんなことをしても国は安保条約を通すのよ。あなたたち、よくがんばったじゃない？　こんな敗北はあたりまえ。やれるだけの行動をしたことに意味があるのよ。負けてもやめないことが大事なの」

安保の敗北に絶望していた、その時の兄に、これ以上の言葉はないと私は思って聞いていました。

未来のために身を挺《てい》していこうとする学生のひたむきさが大好き。未来を変える革命だって絶対必要。そう思っている私。

でも、大好きなのはそれだけじゃない。いっぱい素晴らしいことがあるはずで、それをいっぱい知りたい。たくさん楽しいことをしたい！　そんな私は、まだ18歳の乙女だったのです。

3 そうだ、演劇をやろう

高校3年の文化祭で、初めて演劇の舞台に立つ経験をしてから、フッと心に浮かんだのは東大演劇研究会の存在でした。安保闘争の嵐の後、鋭いメッセージを発信する先端の劇団として、素晴らしい活動をしていたからです。

「そうだ、劇研に入ろう」という目標が胸のうちに芽生えていたので、入学してすぐにも、その活動を探してはいましたが、春は本郷で開催される五月祭に向けて稽古をしていたらしく、教養学部の駒場では活動がなかったのです。

もうすぐ夏休みというころに、やっと劇研の人と出会うことができ、秋の駒場祭に向けて、駒場のキャンパスで活動を再開しようということになりました。こうなったら、もうボートどころではありません。気がついたらあっさりボート部を退部していました。

劇研の新入生女子は私ひとり、でも夏休みには長野県の清里《きよさと》で駒場祭公演に向けての研究合宿があり、それが終わると駒場のキャンパスで練習が始まりました。

正門から広がる広場に面した古い講堂の片隅の稽古場に直行する毎日が始まります！　まじめに教室に向かう学生たちを見下ろしながら、講堂の2階のテラスに円陣を組んで発声練習！　高校でもアナウンサーの基礎訓練はしていましたが、舞台では生の声で勝負しなくちゃならないので、徹底的な腹式呼吸。思い切り大声を出し、息を長く保たせる練習をしました。

その秋の駒場祭で演じることになったのは『長い墓標の列』（福田善之《よしゆき》作）という日本の作品。太平洋戦争中に迫害を受けた大学教授が主人公。私はその妻の役に決まりました。大道具から小道具、衣装係も役者のみんなで分担。私は小道具と衣装係を引き受け、わが家からちょっとした家具や着物や洋服をどっさり運び、せっせと揃えました。

徹夜で迎えた駒場祭の本番。芝居のできがどうだったかはわからないけど、舞台という別世界にすごい解放感を感じた感動は絶大で、もう後戻りのできない私でした。

翌年も2本の芝居に出演。公演の度に新しい部員が増え、外部からも客演の女優を招いたりしました。アマチュアだってプロなみに作品を仕上げるまでの切磋琢磨《せっさたくま》を経験できたと思います。

演劇は、とことん心の迷いを追求するもの。答えの出ない矛盾だらけの人間を見つめるもの。それが私には心地よかったのです。当時の演劇界隈に絶大な影響力を持っていたのは、フランスの実存主義でした。ジャン・ポール・サルトルの代表作『嘔吐《おうと》』やアルベール・カミュの『異邦人』が大ヒット。彼らの、どこまでもクールに、不条理な人間の本質を描こうとする姿勢に惹かれました。

特にカミュにはもうゾッコン。だって、どうしようもないほどカッコいい男で、二枚目の役者としても活躍していたアルジェリア生まれのフランス人。しかも60年に自動車事故で謎の死を遂げたとなると、アラン・ドロンと並んで時代を象徴する俳優だったジェームス・ディーンのイメージとも重なってくる存在でした。

このころの映画の影響力は絶大だったのです。アラン・ドロンの『若者のすべて』、ジェームス・ディーンの『理由なき反抗』、共通していたのは、これまでの論理で説明のつかない若者の苛立《いらだ》ちや破壊的な衝動。そこに、その時代の新しい若者像を遺憾《いかん》なく発揮していました。

4

エディット・ピアフの死

１９６３年11月には、目黒公会堂で劇研主催の一般公演を企画。私が主演ということで脚本選びが進み、イギリスの前衛作家、アーノルド・ウェスカーの『大麦入りのチキンスープ』を取り上げることになりました。サラという労働者階級で生き抜くたくましい女の一生。イギリス産業革命以降の労働者への過酷な差別や抑圧と闘った激しい労働運動のまっただ中で、みんなそれぞれに挫折して、ボロボロになっていく姿を描いていました。サラはそんな人たちを常に支えようとする肝っ玉母さんです。

一般向けの公演でもあったので、チケット売りも必死。私はガニ股歩きでみんなを支える生活感あふれるおばちゃん役になりきって、いつしか劇研みんなの「サラ」になっていました。

劇団というものはいつもなんだかんだともめごとがあって、「誰かと誰かが口もきかない関係だ」とか「演出家と役者がぶつかる」とか、なんとかそれをなだめて稽古を進めないといけない、そんなことも必死でやりました。

まあ、学生演劇の宿命と言ってもいいかもしれないけれど、やたらと議論の多い現場で、誰かが一方的に決定を下すわけにはいかないのです。プロの演劇なら、いやでも演出家の言うとおりにしなくちゃいけないとか、そういう割り切りもできるのでしょうが、真剣にもめることこそが大事。それが学生演劇の魅力でもあったのですから。


エディット・ピアフの死は、そんな激しい練習の最中《さなか》のことでした。

ピアフといえば、第一次世界大戦中、パリの路上で生まれ、娼婦宿《しょうふやど》で育ち、路上で歌っていた時にスカウトされ、一夜でスターになったという伝説の歌姫です。

舞台の上で倒れながらも歌い続ける最晩年のピアフの映像に、私は釘付けになりました。戦争中、従来のロマンティックなシャンソンとはまったく違う、シャンソン・リアリズムを果敢に歌って人気を博し、ナチス占領下のフランスで抵抗運動にも協力した歌手。彼女の葬儀の日、パリ市民が沿道を埋め尽くした映像がニュースになって送られてきたのです。

ピアフの気迫に刺激されながら、公演を無事終えた夜は、徹夜の打ち上げでした。渋谷の飲み屋街でそれぞれの思いをぶちまけるうちに、気がついたのは、劇研の女子たちの何人かが、それぞれ誰かとカップルが成立しているらしい雰囲気でした。「劇研のサラ」を自認する私は、そんな特定の男の子と仲良くするなんてありえない、「みんなのサラ」だと思っていたのに……。

高校時代も大学に入ってからも、私のまわりにはいつも男の子がいっぱいで、「みんなの登紀子」できてしまったので、キスのひとつもしていない！　恋多きエディット・ピアフを深く知るようになってからは、それがショックでした。

毎日寝ても覚めてもいっしょにいたメンバーと、明日からはもう会えない！　公演の後の、そんな果てしない寂しさの中で、ある夜、劇研のひとりの男の子から、「どうしても今夜会いたい」と、電話がかかってきたのです。

いよいよ始まるかも！　と、もちろんウキウキ出かけていきました。中原中也を好きな繊細な感じの人で、私の好きなタイプのひとりでした。ところがその時、彼はこう言ったのです。「好きな人にどうしても気持ちを伝えられなくて、だから、登紀さんから伝えてほしい」と。

「ああ、そんなことなの？　お安い御用よ。言ってあげる」と私は答えて、その時、まんざらでもない気持ちだったのが不思議。彼にとって、好きな女の子より私のほうが〝もっと親しい人〟ってことよね？

そう、フランスにはアミティエ・アムルーズ（恋人的な友情）という言葉があって、「普通の恋人より、そっちのほうがレベルが上」という考え方がある、それにはまるかしら？　なんて。そんなことを自分に言い聞かせながら、やっぱり寂しがり屋の私は、ついにある人に手紙を書こうと思い立ちました。いつもいつも同じ場所にいながら、そういう感情を伝えることができなかった人に。

ところがいざ書こうとしたら、その手紙は「さよならのラブレター」になってしまったのです。

「もうずっとあなたを好きでした。でも、私だけあなたを好き、なんて寂しすぎるから、もうあなたへの恋にピリオドを打ちます！　さようなら」

書きながら「なかなかいいなあ」と感じて、この手紙を読めばきっと慌てて連絡をくれるだろう、と私は確信して手紙を出したのですが、結果は、ノーアンサーでした。やっぱり「さよならの手紙」じゃダメだったのか、と悔やんだのでしたが、１週間待ち続けて、本当のピリオドを打つ決心ができました。

5

突然の恋の始まり

別れの決心ができた日、なんかこれまで感じたことがないほど、自分をカッコよく感じたのが不思議。もう家にじっとなんてしてられないわと、颯爽と出かけた私でした。

たまたまある劇団の公演がある日だったので、私はひとりで会場に行ったのです。誰とも一緒じゃなく、ひとりでいることに充実感を感じながら、芝居を見終わり会場の外へ出ようとした時、なぜか私に向かって歩いてくる人がいたのです。

なんと、60年安保闘争の時の高校生のリーダーだった男の子。ぷっつりと消息もなく、私の世界からいなくなっていたはずの人でした。その人がサングラスなんかかけて、グッと大人になってそこにいたのです。その日の私は、もう何者も畏《おそ》れない盤石《ばんじゃく》の女でしたから、彼が私の目の前に立った時、ふいにその人のサングラスを私の手で取ったのです。

「こんなの似合わないわよ！」

そうしたら、彼がまっすぐに私を見返して、うれしそうに笑ったのです。その瞬間、これまで1度も感じたことのないほど、男の人を近くに感じました。あ、そうか。これまではいっぱい男の子がそこらじゅうにいても、こんなふうにまっすぐに25センチ以内で向き合ったことはなかったのだ！　と気づいた私。

その夜は「じゃあ、みんなでご飯でも」ということになって彼のグループと出かけたのでしたが、夜遅く、家まで送ってくれた彼が、別れ際に私にキスをしたのです。

なんとそれが私のファーストキス。でも相手はとてもなれた感じで、それがなぜかいやで、私は思わず、彼のほっぺたをたたいてしまいました！　それでも彼はそんな私を面白そうに見ていて、かえってそのままじゃすまない感じになって、その夜は遅くまで街を歩き回り、そのままそれは本当の恋になってしまったのです。

高校生で学生運動を経験した多くの人がそうだったように、彼は高校を中退し、もう社会人になっていました。多くの屈折を潜り、必死で未来を模索する3年という年月が彼にもあった。そのことが痛々しいほど伝わってきました。

彼から教えられたのは、大杉栄《おおすぎさかえ》と太宰治《だざいおさむ》。つまり、彼は自由恋愛主義者になっていたのです。妻がありながら、新聞記者の女性と恋に落ち、さらに若い女性に夢中になった大杉栄。最後はその恋人、伊藤野枝《のえ》とともに関東大震災後の混乱の中で拘束され虐殺されてしまったアナーキスト。その信奉者である彼は、自由恋愛を実際の行動で実践しなくちゃならない、と決めている人だったわけです。そういう意味では、エディット・ピアフだって、十分、自由恋愛主義者だったので、私はそんなことでビビりません。

2人で自由恋愛の世界を生きることにしたのです。

素晴らしい恋の日々。そう、これまでとは違うまったく新しい日々の始まりでした。

6

20歳のバイブルは伊藤野枝

私の初めての恋人という人が、大杉栄の大ファンというなら、私は伊藤野枝になってみるか、という気になったころ、偶然、古本屋で伊藤野枝全集を見つけたのです。

後の奥付を見ると、大正14年12月の出版。伊藤野枝は大杉栄と一緒に１９２３年（大正12年）９月16日、関東大震災の後に拘束されて、まだ6歳だった甥《おい》の橘《たちばな》宗一《むねかず》と共に殺されていますから、その虐殺の2年後に出版された大杉栄全集の別冊ということになります。そんな時代に出版されていたという驚きと、真っ黒な表紙に伊藤野枝全集の署名のところだけ赤で装丁された８００ページにも及ぶ大著の、その装丁にも感激して、私の「20歳のバイブル」にすることにしたのです。

私は彼女のおおらかなたくましさに夢中になりました。無政府主義とか自由恋愛主義とか、そういうものものしい意味ではなく、彼らのはつらつとした大きな愛の感じ方は、私をとても強く、そして楽な感じに解放してくれたと思います。

このころ、さらにすごい祝福で迎えられることになった夜がありました。新宿歌舞伎町に移ったわがレストラン・スンガリーで、常連のおやじさんが「登紀子の20歳のお祝いに、正式にウオッカの飲み方を教えてやろう」と言い出したのです。

「片手にウオッカを注いだシングルグラスを持ち、もう一方の手に、フォークで何か一口食べるものを確保して、相手と腕を組み、一気にグラスを空ける！　胃の底にウオッカを放り込んだら横隔膜から息を吐き出すように『ハーッ』と声を出す。そしてフォークに刺したチーズかパンかきゅうり、なんでもいいから一口食べる。そうしたら、ウオッカはどっかに消え去って、何杯でも飲めるんだよ」とその人に言われて、その通りにしたら、たしかにいくらでも飲めて、結局10杯のウオッカを軽く空けてしまったのです。

そうしたら、その人が感激して立ち上がって、大きな声でこう言ったのです。「おい、見たか？　この娘はすごい。嫁にするならこういう酒の強い女にしろよ！」と。

ちょっと前までキスも知らない女の子だった私が、なんだか急に「女の中の女」になったような、ちょっとうれしい気持ち。

いやあ、こうして始まったのよ、私の20歳。

7
「人生おもろないといかん」

迎えた新年は1964年。東京にオリンピックが開催され、日本中が生まれ変わろうとするような画期的な年でした。新幹線、首都高速、国際競技場、そして海外への渡航の自由化……。何もかもが、東京オリンピックをめざして始まっていたのです。

そんな時、にわかに持ち上がった話が、「日本シャンソンコンクールに出てみないか」という父の提案でした。東大に入ったはいいが、ろくに学校にもいかず、演劇だとか恋愛だとか、そこらをほっつき歩いている娘を、相当心配していたらしい父が、珍しく真剣に出してきたこの案。「登紀子、人生はおもろないといかん」と言い添えた父の言葉も響きました。

ずっと後になって父が書いた本によれば、化粧もせず、ボロボロの格好をしている私が心配だったようです。当時は、その「ボロボロ」も私にとってはおしゃれのひとつだったのですけれど（笑）。でも、確かに私は、もやいの切れたボートのように、危ない自由の中にいたかもしれません。

そこにポーンと救命綱がなげられたような、父の提案。うちの家ではいつも迷惑な出来事ばかり起こすお父ちゃんなので、本当なら一蹴《いっしゅう》するようなところだったのですが、この時はなんだか、私の心の針が揺れたのです。

なんてったってエディット・ピアフに化身した私。しかも自由恋愛の真っ最中。ブイブイと心の中に熱い風の吹いている今の私。「いよいよ船出の時が来たのかもしれない」と直感したのです。

もう1つの理由は、この春には東大教養学部を修了し、本郷で西洋史学部に進むにあたり、フランス史のゼミを修得することを考え始めていたので、この際、フランス語の勉強をするいい機会かもしれない。コンクールに優勝すればヨーロッパ旅行もついてくる。いろいろ考えるほどに乗り気になった私でした。「そうだ、コンクールに優勝してフランスに行こう!」と。

そう決まったからにはと、早速、日仏学院に申し込み、4月から3カ月のコースに通い始めました。偉そうに言ってはいるけれど、大学で第二外国語をドイツ語にしていたので、フランス語はまったくの初心者。3カ月でなんとかなるものかどうかわからないけれど、すべては、心に描く最高の結果を想定してスタートするというお父ちゃんゆずりの発想で、この夢に乗ったのです。

コンクールを主催する石井好子《よしこ》さんに相談して、シャンソンの先生にもつきました。

「コンクールに優勝したいので、一曲だけ、よろしくお願いします」と言うと、先生はさすがに笑って、「自信があるのかね」と聞きました。「なくはありません」と偉そうに答えた私。

でも、真剣です。まず選曲が勝負だと、まっすぐにピアフの曲から選んだのは、彼女の歌でも激しい歌詞の内容に惹かれて「7つの大罪」。

「恋をしている女はどんな罪だって犯すのよ。私はそんな罪なんて犯さないわ、というあなたは本当の恋を知らないだけよ！」

ざっとそんな意味。でも、どこにもいい日本語訳がないので、フランス語で歌うと決めてレッスンを始めました。

さあ、なんとか決勝の10人に残って日比谷公会堂のステージに立ちました。たった3カ月のレッスン、でも一曲に絞って練習したおかげで、決して恥ずかしい歌ではなかった、と思います！

でも、結果は4位でした。審査委員長だった音楽評論家の芦原英了《あしはらえいりょう》さんが、舞台の袖に私を呼んで、こう言ったのです。「あなた、お家に帰って鏡で顔を見てごらん、まだ君は赤ちゃんの顔をしてるんだ。そんな顔でピアフを歌っても男心は動かんよ」と。

ちょっとカチンとくるような一言でしたが、確かに彼は私の歌った歌詞の内容を理解し、私のイメージとのギャップを指摘していて、そのことには納得もありました。「来年もいらっしゃい。楽しみにしてるよ」という言葉がそれに続き、すっかりその気になってしまったのでした。

サッサと優勝してフランスに、という目論見《もくろみ》は外れたのでしたが、これでもう1年、シャンソンを本気で歌ってみようという結果になり、それが私の運命を決めることになりました。

8 誰にも支配されずに生きるために！

1度目のコンクールから2度目のコンクールまで、20歳から21歳への1年間ほど、じっくりと自分自身に向き合ったことはなかったかもしれません。フランス史の授業とシャンソンと恋に専念して、たくさんの本を読み、学校にもあまり行かず、毎日恋人と時を共にしていました。

もともと小説などは読まない方だったけれど、この時期、太宰治を徹底的に読み、芥川《あくたがわ》龍之介《りゅうのすけ》や夏目《なつめ》漱石《そうせき》なども読んでみたり、サルトルやカミュ、そして「恋と自由」についてはロマン・ロランの『魅せられたる魂』に大いに触発されたのでした。古い時代から近代がめざめる20世紀初め、人類の大きなテーマは男と女の自由についてだったことがよくわかります。

『魅せられたる魂』では、貴族社会で何不自由なく理想的な結婚を約束されていた主人公アンネットが、婚約者に「あなたは私に自由をくれますか」と問うことから始まります。彼は「私は君にすべてを与えられる。僕にはその力があるよ」と自慢するのですが、「自由を与える」

という意味が理解できず、そのことに失望したアンネットは、彼と別れ、彼との私生児をひとりで産み、シングルマザーとして生きるのです。それは貴族としての特権をすべて投げ出すことを意味していました。そんな壮絶な選択の中に自由の喜びをも謳う長編大河ドラマでした。

この作品の序文にロマン・ロランはこんなことを書いています。

「自由に生きようとする女性はこれまでより一歩進んだ先の時代を生きることになる。しかし、過去の時代から自由を手にしてきた男性は、いつも女性の生きる時代から1つ古い時代に取り残されて生きる結果になる。20世紀は男と女が違う時代を生きる不幸を背負う世紀になるだろう。男が一歩先の時代を生きようとしなければ、永遠にすれ違う」

恋してもお互いの心を束縛しない。結婚してもひとりの独立した女としての自由を失わない。恋する自由と仕事と結婚、そのすべてをやり遂げる!! 見事に生き切ったアンネットに私は興奮しました。

1年間、シャンソンの中から歌を探し、そこに日本人の愛し方にはない強いプライドと、人間の本質への深い問いかけを感じることができたのもうれしかった!

1年後、もう1度コンクールを受ける時には、私は歌手として生きる決心をしていました。政治的な行動をする時のように、自分の中の矛盾や迷いに蓋《ふた》をすることもしなくていい。演劇のようにみんなと歩調を合わせて大勢で表現する面倒くささもない。歌はいいなあ。ひとりで、自分の心のままに表現できる。そう思ったのです。

答えは、決まりでした。

「誰にも支配されずに生きるために、歌手の道を選ぶわ」と。

9 アイラインは1センチ

1965年6月、第2回シャンソンコンクールに出場。第1回の時とはまったく違う新しいポップス風のシャンソンで、しかも初々しい恋の始まり、赤ん坊の顔にふさわしい歌（？）で見事に優勝を決めました。

7月14日には、日比谷野外音楽堂でのパリ祭に、初めてプロ歌手と並んで出演。優勝のご褒美でハンブルグ、パリ、ローマを回るヨーロッパ旅行にも出かけ、正式なデビュー前から、マスコミのインタビューにも答え、一気に表舞台に出ることになったのです。

初めてのヨーロッパはどこも美しく、特に夜の街のライトアップが心に残りました。でも何よりショックだったのは私の話すフランス語がいっさい通じなかったこと、かな。まあ通訳の人がいてくれたので問題はなかったし、別に言葉がしゃべれなくても旅は楽しい、ということに変わりはなく、特にパリでは路上やシャンソニエ（シャンソンを聴かせるライブハウス）で、ギターだけで自作の歌を歌うスタイルの若いシャンソン歌手たちの歌をいっぱい聴きました。もう、エディット・ピアフとかイブ・モンタンなどの往年のヒットソングを歌う人は少なくて、そこには自由なメッセージがあふれていました。ディスコに行けば、ロックやリズム&ブルースの爆音の中で黒人と踊る金髪の少女がカッコよくて、大いに刺激された私。

この旅行から帰ってすぐ、私が何をしたかといえば、楽器屋さんに行ってギターを買うことでした。せっかちな私は、自宅の近くに見つけたギター教室を訪ね、先生にこう言いました。「まだ、ご存じないと思いますが。私はもう歌手なので、すぐに弾けるように教えてください」と。「じゃあ、教本の最初の20ページくらいは飛ばして、すぐ音符を弾くところからいきましょう」と、ものわかりのよい先生は答えてくれたのでしたが、結局、初歩を飛ばしたことが仇《あだ》になり、まったく弾けないままギターを手放した私でした。

そんなこんなで秋を迎え、10月1日にレコード会社への所属が決まり、いよいよ歌手デビューです。そこまですべて順調、と言ってもいい流れだったのに、いざ本格的に動き出してみると、ちょっと変だな、と思うことがいろいろ起こってきました。

レコード会社の社長が開口一番、「売れなくてもいいですから。そのうちにディレクターでもやってください」と言ったのです。なるほど、歌手としてはあまり期待されていない？　石井好子さんの事務所でも、新曲のミーティングで私の担当マネージャーが、「デビューするからには１９６６年度の新人賞をねらいたいです」と言ったら、事務所中から失笑がこぼれ、「それは無理でしょう」と。

石井好子さんからの指導もいろいろありました。「あなたの目だと、１センチ以上アイライン描かないとダメね」とか、「あなたみたいな小さい人はロングヘアーはダメね、ヘアスタイルを変えましょう」など、「なんとか私を使いものになる歌手に」と思っての指導でしょう。ですが、ピアフをめざして歌手になったプライドなど木《こ》っ端《ぱ》微塵《みじん》のように消え去って、それこそ赤ん坊みたいな存在になってしまったのです。

商品棚に飾られる新人歌手を生み出そうとする作戦は、もっぱら21歳のアイドル。何をレコーディングするかという議論の中に、コンクールの優勝曲がいっさい話題に上らないのも変だなと思いましたが、結局、「シャンソンコンクール優勝者といっても、日本の歌謡界にデビューするのだから、歌うのは日本の歌でしょう」ということは誰も否定できない、初めからの前提だったようです。

時代はまだまだ演歌全盛で、Ｊ－ＰＯＰどころか歌謡曲というイメージも限られたパターンしかない状況。それでも会社はがんばってくれたのでしょう。私はデビュー曲が決まるまで、10曲もテスト録音したのです。

結局、1966年4月に『誰も誰も知らない』というムード歌謡でデビュー。この曲の作詞は、後のヒットメーカーなかにし礼《れい》さんでした。とはいえ、この時はまだシャンソンの訳詞者から歌謡曲に転換したばかりで、模索中といった感じ。私なりにはがんばってレコーディングしたのですが、まったく売れずに終わり、2曲目は『赤い風船』という交通事故をテーマにしたロシア民謡調の軽い歌。これもまあ、売れ筋とはいかず、じゃあ、いっそ演歌でもと、なかにし礼さんが詞を書いてくれた『恋の別れ道』という歌を発売したのが、もう秋でした。

「『新人賞を』と言ったマネージャーがみんなに笑われたのも無理はないわ」と思い始めたその時、ふと思ったのは、どうしてこんなふうに歌謡曲歌手としてデビューしなくちゃいけないのかという、出発点の問題でした。

私はマネージャーに言ったのです。「私は売れる歌手にならなくていいから、シャンソンとか自分でつくった曲とか、シャンソン喫茶の『銀巴里《ぎんパリ》』とかで歌っていくのじゃ、ダメなの?」と。彼は「そうだね、もうこうなったら、その線でいくのもいいと思うよ」と同意してくれて、かえって自作曲をつくってみたり、これまでとは違う方向に張り切っていたのが、秋の終わり。

そして迎えた年末。突然電話がかかってきたのです。「決まりましたよ」と。「え、何がですか?」と聞き返した私に返ってきた答えは「レコード大賞新人賞に!」だったのです。まさかと思われた新人賞が私の歌った『赤い風船』に決まったのです。男性の新人賞が荒木一郎というシンガーソングライターの草分け的存在。演歌全盛時代にあるまじき決定でした。正直、すごくうれしかった!!

夜なのに、事務所中の人が集まって、盛大にお祝いの乾杯！　さあ、張り切っていこう！というわけです。

演歌風のレコード『恋の別れ道』もお店から回収し、『赤い風船』の加藤登紀子のイメージアップで、かわいいミニスカートのお嬢さんになりすましました。大学時代、黒ずくめのセーターにボロボロのジーンズで決めていた私が？

10

歌手って、こんなことだったの？

新人賞受賞で、仕事はひっきりなしに入るようになり、新人賞コンビで荒木一郎さんとのコンサートも楽しくあちこちで開かれ、順調な1967年。恵まれていたのは、中村八大《なかむらはちだい》さんのコンサートツアーのゲスト歌手として全国に行けたことでした。

1960年に『上を向いて歩こう』が大ヒットした永六輔《えいろくすけ》さんと中村八大さんのコンビは、59年の『黒い花びら』から始まり、テレビ番組『夢で逢いましょう』からも続々ヒットが生まれており、初めてJ-POPらしいオリジナルソングの流れが見えた世界。コンサートも楽しく、ジャズミュージシャンとの旅公演につきものの麻雀《マージャン》やポーカーも教えてもらい、一気に歌手らしい日々を送っていました。

私の歌うコーナーでは、八大さんの名曲とともに、私のオリジナル曲も歌わせてもらったり……。この六輔・八大コンビが『夢で逢いましょう』の音楽録音のために使っていたスタジオが、内幸町《うちさいわいちょう》の旧NHKのすぐ前にあった「飛行館スタジオ」。そのころ、実は、父がその支配人をしていました。父の放浪人生の中で、いちばん落ち着いた職場だったといえるかもしれません。私の歌手のマネージメントにはいっさいかかわっていなかったのですが、すぐ近いところから、見守ってくれていたのでしょう。

もう1つ面白かったのは、月の家円鏡《つきのやえんきょう》さん（後に橘家圓蔵《たちばなやえんぞう》）と私のコンビでテレビのお笑い番組の司会が決まったのです。その後のお笑いブームの火付け役になったテレビ局のプロデューサーや芸人さんたちにかわいがってもらって、私は円鏡さんから「トキちゃん！　トキちゃん！」と呼ばれて、それが愛称になりました。

そしてなんと、1週間に1曲、この番組のために歌をつくることになったのです。お笑い番組の毎回のテーマに合わせて作詞作曲。そのためにレギュラーバンドも入って歌を発表できる！　なんてすごいことでしょう。歌手になるまで詩の1つも書いていなかった私が、できたてホヤホヤの歌を毎週テレビで歌ったのです。

私もなんとかやりこなしてはいたけれど、こんなやっつけ仕事みたいなことでいいのかな、と思いながら、「電気」というテーマでつくった『真夜中の電話』という曲はシングルレコードで発売することになりました。

1967年ごろのレコード界では、レコード会社専属の歌手は3カ月おきにシングルリリースすることが、だいたいの決まりでした。歌の歌詞も覚えていないほど、どんどん出して、数打ち当たればというような魂胆だったのでしょうか。でもなかなか結果を出せない、つらい状態が続いていたのも事実でした。「歌手って、こんなことだったの？」と自問する日々が続きます。

そんな私が銀座のシャンソン喫茶「銀巴里」で歌っていた10月7日。その夜は、フランスから来日中の作曲家エミール・ステルンのピアノで歌う特別のライブでした。彼は私たちのよく知っているシャンソンの名曲のいくつかを作曲した人。

そのライブの途中で、緊急のニュースが飛び込んできたのです。

ベトナム戦争反対のデモをしていた学生が、羽田空港で亡くなった、と。亡くなったのは京都大学1年生の山崎博昭さんでした。思いもしなかった近い場所で、同じこの瞬間にひとりの学生が反戦に命をかけていた！　すごいショックでした。

私が彼の死を悼《いた》むためにその時のステージで歌ったのは『さようなら』という自作曲。安保闘争の後、散り散りになってしまった学生運動の暗い群像を、私の作詞作曲で描こうとした歌でした。

この数年間、私はいったい何をしてきたのか？　なぜ歌手になり、なぜ今を生きているのか？　いろんな思いがあふれて号泣してしまい、途中で私は歌えなくなってしまったのでした。

その間、ピアノを弾き続けてくれたエミール・ステルン。その演奏に身を任せながら泣き続けた嵐のような時間。

私という存在の中途半端さと、歌手としての無力さを思い知らされた、痛恨の嵐でした。

でも、その時、当然のようにピアノ演奏で私を支えてくれたエミール・ステルンの音楽の力が、私の心に残りました。どんな出来事があっても動揺せず、音楽家として全身で向き合う！その覚悟を知ったのです。

その後の人生でさまざまな出来事に出会うことになった時も、歌手であるがゆえに、決して逃げずに音楽で応える。それを教えられたような気がします。

プロ歌手としてマスコミの仕事をこなし、レコードをヒットさせることも大事。でも根本は、表現者としての歌手であることを忘れてはならないと。

第4章

自由をつかみ、自由に歌う

1

人が犬を噛んだ

1962年4月から始まった大学生活。東京都渋谷区駒場の東大教養学部キャンパスに2年、文京区の本郷キャンパスに進み、本当なら66年に卒業しているところですが、教養学部から本郷に進学した64年は恋に夢中でほとんど学業放棄、65年の4年生の時にコンクールに優勝し、歌手デビュー。66年は新人賞歌手としての東奔西走と、ほとんど学校をサボっていた私は、67年の春からの1年が在学できる最後の年。この1年で必要な単位を取得するか、中退するかの岐路に立たされていました。

67年の春、プラリと本郷キャンパスを歩いてみると、ここになじめないまま過ぎた3年がなんだか空白のように思え、「ここで得られたかもしれないことが、もっとあったのでは」という、予想もしなかった強い思いがあふれてきました。

「誰にも支配されずに生きるために歌手になった」はずなのに、なんだか操り人形みたいにあたふたと目先の要求に応えていくのが精一杯。「私、いったい何やってたんだろう」と、悔しくて泣きそうでした。

そう、実はこの間に自由恋愛にあこがれて始まった彼との恋も終わっていたのです。お互いの自由を何より大事にすることを鉄則にしていた私たちは、相手を絶対に束縛しないと決めて、その自分を試すかのように他の人との恋も隠さずにいました。彼は見事に自由にいろんな恋をする人で、それはそれは私の心の筋肉（？）を鍛えてくれたのです。お互いの自由を守るプライドとは、相手をリスペクトする覚悟と、嫉妬《しっと》する感情を乗り越える「踏ん張り」そのものだからです。

自由に恋する恋愛観を持っていたエディット・ピアフが「恋は自分から終わらせる」を鉄則にしていたように、最後は私が決めました。私が「さよなら」を告げ、彼を新しい恋人のもとへ送り出したのです。

１９６７年、私がキャンパスに戻れたのも、この失恋効果が大きかったかもしれません。

人生は皮肉なものです。

事務所の社長の石井好子さんも、「せっかくの東大なんだから、がんばってみたら」という意見で、この1年、できるだけ学校に通って、卒業できるようにがんばってみようかということになりました。

1週間びっしり授業数を埋めないと、とても1年で必要な単位が取れません。事務所のスケジュール調整も大変でしたが、どうにかクリアして迎えたのが1968年3月の卒業式でした。しばらく前から、女性週刊誌で卒業記念のグラビア写真を振袖で撮影し、卒業式にも振袖で参加する準備をし、事務所も盛大にお祝いパーティーを準備してくれ、すっかりお祝いムードで迎えた卒業式の前夜。

それは突然のことでした。東大の卒業式は医学部の学生の研修医制度反対の要求を理由に、全学でボイコットすることが決まったとニュースで報道されたのです。6年で卒業という私には学内に親しい友だちもなく、その情報を知らせてくれる人もいませんでした。私は事情を調べることもできず、相談する人もなく、自問自答の末、私自身の卒業式の自主放棄を決めたのです。東大安田講堂の前で振袖を着て立つ、という女性週刊誌の目論見を裏切り、事務所との連絡もとらず、どういうことになるのか、いっさいの予測を持てないまま、私はジーンズで学校に行きました。

目にしたのは、安田講堂の前の広場を埋め尽くす学生たち。晴れやかな空の下、そう、1960年初めてデモに行った日のように、高らかにシュプレヒコールの声を上げる懐かしい学生たち。私はその中に1年の時のボート部時代の友だちを見つけ、うれしくてその隣に座りました。彼女は医学部だったので、まだ在学していたのです。

大きな混乱もなく座り込み集会を終えて、私は文学部の学長室で学部長から卒業証書を受け取り事務所に帰りました。どうなることかと心配したのでしたが、その夜の卒業祝いのパーティーは、たくさんの報道陣も集まり、大きな拍手で迎えられたのです。

「おトキ、今日はよくやった！　こういうのを『人が犬を噛んだ』というんだよ。新聞記者は、犬が人を噛んでもニュースにはしない。今日、お前さんはおトキらしい行動をとった、歌手としてはなかなかできない行動をね！」

そう言ってくれたのは、シャンソンコンクール優勝からの私をずっと見守ってくれていた新聞記者のひとりでした。

１９６８年という年は、世界史的に見ても特別な年だったと思います。年の初めから、長崎県の佐世保にアメリカの原子力空母《くうぼ》（原子力のエネルギーで動く航空母艦）、エンタープライズが入港し、佐世保の一般市民までその反対デモに立ち上がるという、すごい事態に突入していました。

１９６７年10月に反戦デモの中で亡くなった京都大学1年生の山崎博昭くんへの想いも渦巻いて、東大の卒業式ボイコットも各大学の学内紛争へとつながり、全国的な全共闘運動へと連鎖していったのです。学生たちが自治を守り、学内のことにも、国家のあり方にも強い意思を表明していく大きなうねりは、60年安保闘争以来の大きな高まりになっていきました。

2

奇跡の出会い

学生運動のリーダーから「会いたい」と連絡が入ったのは、その数日後のことでした。私は新宿のレストラン・スンガリーで会うことにしました。

入り口のドアからうつむき加減に入ってきた長身の男。学生運動のリーダーらしからぬ、その静かな姿が、まっすぐに目に飛び込んできました。その人が全学連（全国自治会学生総連合）副委員長、藤本敏夫《としお》。

私が卒業式ボイコットに参加した記事を見て、学生の集会に応援に来てほしいということを提案にきたのです。それは予想されたことだったのですが、私はこう答えました。

「歌手を政治に利用するという考えはよくないわ。そんなことしなくても、今の学生たちはもう十分に意思を表明している。このままもっともっと広がる。そのほうがずっといいじゃない」

彼はすぐにうなずいて、はっきりと「そうですね」と答えたのです。あまりにもあっさりと、肯定する彼の姿に、一瞬時が止まったように、惹きつけられた私でした。

話はそれで終わってしまって、「じゃあ、今日は大いに飲みましょう」ということになって、彼と数人の人たちとの飲み会は、なんと朝まで続いたのです。もう会うこともないであろうこの人たちと、まるで旧知の仲間のように離れがたい気持ちになってしまった、それは不思議な夜でした。

夜更けに新宿の街をプラプラ歩いていたら、「腹がすいたなあ」とみんなが言うので、私はそこから遠くないマンションのわが家に連れて行って、お茶漬けを食べさせたりしたのです。そうしたら、珍しく家にいた父に、「うるさいぞ！　何時だと思ってるんだ！」と怒鳴られて、慌ててマンションの屋上に脱出、そのうちに夜が明け、やっと始発の電車が出るのを待って、代々木駅までみんなを送っていったのです。

スタスタと前を歩いて「さよなら」も言わず、サッサと電車に乗ってしまった藤本敏夫。もう2度と会うこともないのに、なんて人だろうと、私はちょっとショックでした。

でもそれが伏線《ふくせん》だったように、思いがけず彼から電話がかかってきたのは2日後でした。「2人だけで会いませんか？」と。飛び上がるほどうれしかった私。

私は代々木駅前の喫茶店で落ち合うことにしました。約束は夜の7時。私はその店の1階で、入り口を気にしながら待ちました。いつまで経っても来ないので心配になって、彼が拠点にしている大学の学生会館に電話をしたのです。すると、「あなたに会いに行ったはずですよ」とつっけんどんな答え。しばしば警察に拘束されたりしている人なので、もしや、と思ったり、いろいろ心配しながら待つうちに店内に「蛍の光」が流れ、12時の閉店時間が来てしまいました。

ついに会えなかったとしょんぼり店の出口に向かったら、下の階から彼が階段を上がってきたのです！　私の姿をチラッと見た彼は、何も言わずにスタスタと店を出て行きます。私は慌てて追いかけました。

「お互いに5時間も待ったのね」と笑う私に答えもせず、「飲みに行くか」と先を歩いて行きます。

渋谷の屋台に落ち着いた2人。年寄り夫婦の屋台でグビグビと日本酒を空けながら、彼が話すのは幼かったころの爺《じい》さん婆さんに育てられた話、終戦後の復員兵を婆さんと迎えに行った話など、思いもしない彼自身のその物語に、うっとりと聞き入ってしまった私でした。

そこへ歌舞伎化粧をした爺さん芸人がやって来たのです。「今日はお呼びじゃないよ」となぜか飲み屋のおかみさんに邪険にされる芸人に「一杯、やりませんか」とコップを差し出す彼。それからは爺さんの声色の芸に大笑いしたり、大いに盛り上がった不思議な夜。彼のお年寄りを見る目の優しさが、なぜか心に沁《し》みたのです。

そういえば、スンガリーでは私ばっかりしゃべっていたようで、彼がこんなに自分を語る人だとは思わなかった！　結局、政治の話の１つもなく、屈託のない酒盛りは終わり、私の家まで送ってくれた彼は、別れ際に身をかがめるようにして私にキスをしたのです！

「えっ！」驚いた私。それが、運命の扉の開かれた瞬間でした。

3

夜空の下で彼は歌った

その後、なんだか離れがたく、最初の夜にもみんなで上がったマンションの屋上で風に吹かれていると、突然彼が歌い出したのです。

「知床《しれとこ》の岬に　ハマナスの咲くころ
思い出しておくれ　俺たちのことを」

夜空の下に静かに響き渡るその歌は、彼の全存在をずっしりとのせて、胸の底に届いてくるようでした。あまりの素晴らしさに打ちのめされて、最後まで静かに聴きました。

「別れの日はきた知床の村にも

君は出て行く峠を越えて」

出会いから別れまでを歌うその歌詞は、愛の告白にも聞こえ、別れの宣告にも聞こえ、ただ呆然《ぼうぜん》として泣いてしまった私。それが「知床旅情」との、これも運命的な出会いでした。

あいさつや言い訳や説明がいっさいない彼の独特の身のこなし方は、それからしばしば会うようになってからも変わりません。たいてい私の仕事が終わった夜遅く、御茶ノ水駅の前で落ち合う時も、私の姿をチラッと見ると、スタスタ歩きだし、必死で追いかけないと追いつけないスピードで前を歩いていきます。今から思えば、それは尾行の目をくらませる心得のようなものだったかもしれないけれど、それは終生変わらない彼の姿でした。

大きな集会やデモを指揮するたびに拘束される彼。拘置所での面会もしばしばでした。

そのころ、学生が拘置される東京拘置所は、池袋にあったかつての巣鴨刑務所、つまり「東京プリズン」でした。古めかしい歴史的建造物、戦争責任者が囚われていた建物だったのです。戦争反対の者たちが、戦犯と同じ場所に拘束されたのも何かの因縁でしょうか。

面会が許されるのは1日にひとり、親族でなくても許可され、衣類、食料、本、なんでも差し入れできるシステムでした。私は、ひとり目の面会者になるために、スケジュールの空いてる日は、必ず早朝に起きて行ったのです。というのも、女子に人気のある彼には女性の面会者も多く、そこにはちょっとした火花も散っていたのです。誰かに先を越されないように！　必死だった私。

それでも、この年は歌う仕事も多く、こんなこともありました。

3週間近く続いたコンサートツアーが終わり、東京に帰り着く予定の夜に新宿の馴染みの店で会う約束をしていた7月5日、帰りの飛行機の中で読んだ新聞に前日に藤本敏夫が逮捕されたという記事を見つけたのです。それは、パリの「五月革命」に連帯のエールを送ろうという「神田カルチエ・ラタン闘争」と呼ばれた行動を指揮したことによる拘束でした。

パリの「五月革命」と呼ばれた学生運動は、ソルボンヌ大学のナンテール校の学生寮に女性が入寮できるように制度変更を要求したことがきっかけだったといわれていますが、約1カ月間、フランスの機能を止めるほどの大きな反体制運動になったのです。彼の指揮した「神田カルチエ・ラタン」はその年の6月21日に決行され、御茶ノ水駅周辺に3000人近くの学生が集まり数十人が拘束されたのですが、彼はなぜか捕まらず指名手配されていたのでした。

ほとんど何も知らされてなかったことに私は大きなショックを受けると同時に、最後に別れた時に、なぜか彼がいつもとは違って、しっかりと振り向いた瞬間があったことを思い出したのです。どうしてあの時、彼はあんなふうに切羽詰まった表情を見せたのか、私は途方に暮れました。

その夜、約束のお店へ行き、来るはずのない彼を待つ、ひとりぼっちの酒盛りをしたのです。「そこにいない＝不在」という形で心をつかむ、それは私にとっての彼の強烈な磁力でした。出会える時間は少なくて、でも会えないから引き寄せられる。それはずっとその後も続くことになりました。

ところで、日本で学生がデモをして拘束されるのはどうしてか、不思議に思う方もあるでしょう。日本では言論の自由を保障されているはずなのに、と。そのころは今のように「特定秘密保護法」も「共謀罪」もなかった時代でしたが、ほとんどの逮捕理由は、「道路交通法違反」と「公務執行妨害」でした。「届出されたデモコースを外れた」「警察官の行動に抵抗した」という2つの理由です。それでも1度拘束されると収監されるのはだいたい21日間でした。7月5日に拘束された彼の出所予定は26日。私はその前の24日には40日間のソ連演奏旅行に出発することになっていたので、そのまま会えなければ、ずっと会えない……。出発の前日まで、私には地方のコンサートツアーも入っていたので、再会は絶望的でした。ほとんどあきらめつつ、「もし会えるならツアー最後の長野県の上田市でコンサートの前に」と全学連事務所に伝言していたのでしたが……。

ほぼあきらめていた私に、思いがけず彼から電話があったのです。「やっと釈放された。上田に行くから」と。

4

40日間のソ連公演

上田駅で待っていると、彼は新聞を片手に階段をスタスタと降りてきました。

「久しぶり！」のあいさつもなければ、昨日出所した緊張感もこれといってなく、いつもと同じ彼でした。駅からそう遠くはない温泉旅館で過ごしたほんの短い逢瀬《おうせ》。言葉で語れることはあまりにも少なく、でもその短い時間でも逢《あ》えたことは大きなことでした。渡り鳥が海を渡る時、ほんの小さくても羽を休める島があった、そんな一瞬だったと思います。

私がコンサート会場に行ってしまった後、一通の手紙を残して彼は姿を消したのです。手紙はこう始まっていました。

「私は思い出を見つめています。

私はあなたの行為と心を嬉《うれ》しいと思っています。

淋《さび》しさはあります。深い深い流れであって、いつも流れています。

悲しいです」

そして、

「私は5年間の学生運動で、何をしてきたのでしょう。

新しい一歩を踏み出そうとしたときに、それはくずれました。

なぜくずれたのか、つまらぬことです。

また始めることにしましょう。

失望は失望として味わえばいいのですから」

全学連内の分裂が進んだことへの杞憂《きゆう》だったのでしょうか。反帝全学連委員長になったばかりのはずの人の、この深い絶望感はどこから来るのだろうと衝撃を受けながら、翌日私は、横浜からハバロフスク号という大きな客船に乗り込み、ソ連へと旅立ったのです。

そのころ、日本の外に飛び出そうとした若者たちが最も安くヨーロッパに行けるのが、このナホトカ航路でしたから、船の中は日本脱出を求める若者であふれていました。1泊2日の船旅でナホトカに着き、そこから列車でハバロフスクへ。そこからさらにシベリア鉄道で西へ向かうのがそのころの格安旅行でしたが、私は飛行機でハバロフスクからモスクワに向かったのです。最初の公演地エストニアのタリンまでは、さらにモスクワから夜行列車に乗っていきました。

長い長いはじめてのソ連旅行。１９６０年代はアメリカ陣営とソ連圏に二分された「鉄のカーテン」の時代。それでもアメリカやヨーロッパでの反戦運動が高揚し、ソ連圏で民主化を求める反ソ活動が激化した68年、鉄のカーテンは大きく揺らいでいたと言えます。

私が訪ねたソ連は、まさにそんな揺らぎの中にありました。バルト三国のエストニアの首都タリン、ラトビアのリガ、リトアニアのヴィリニュース。当時のレニングラード（現サンクトペテルブルグ）、モスクワ。そして今のベラルーシの首都ミンスク、グルジア（現アブハジア）のスフミという7都市。

バンドリーダーのピアニストのもと、ギター、ドラム、ベース、サックス、そしてジャズシンガーと私というチームでの40日間のコンサートツアーでした。

はるばるたどり着いたタリンという街は本格的な白夜で、夜の12時にやっと太陽が沈みます。真っ赤な夕焼けに浮かび上がる古城のシルエットは息をのむほど美しく、中世ヨーロッパの文化の息づく素晴らしい街でした。

タリンで歌ったのは教会のホール。穏やかな人々の優しさの中でコンサートが始まろうとしたその時、ステージに上がる直前に、そっと私にささやく人がいました。「ステージでは、歌詞以外のロシア語はダメよ」

私はびっくりしました。日本でロシア語でのあいさつをそれなりに勉強してきていたので。でもめげている暇はありません。急いでエストニア語で「こんにちは」「ありがとう」「さようなら」を教えてもらい、ステージに上がりました。それからは、モスクワ、レニングラード以外のどの街でもそれぞれ地元の言葉であいさつをするようにしたのです。

こんなに言語についての反発が強いとは……。その背景には、ソ連があらゆる共和国での公用語をロシア語に強制するという政策をとったことがあったようです。自国の言語を奪われた人々の悲しい抵抗でした。

それでもこの旅は、どの町も美しく、ゆったりした暮らしの中にあり、白夜の荘厳さ、真っ赤な夕日に染まる空、整然として古めかしい街並み、そして若者たちの発散するちょっぴり反抗的な匂い……。十分それを味わえるようなよい旅になりました。

コンサートはどこでも大きな拍手で迎えられ、大きな体育館にマイクが2、3本という厳しい条件の時もありましたが、逆にリガのホテルのスイートルームにはグランドピアノがあったり、おおむね音楽への情熱をたっぷりと受け取れるソ連公演になりました。

最後に訪れたのは黒海に面したリゾート地、スフミでした。ソ連崩壊で1991年にグルジアが独立した後、2008年の内戦を経てアブハジアという国になり、スフミはその首都。夏休みのこの時期、若い人たちが岸辺に遊ぶ楽しいシーズンでした。私も水着に着替えて遊びに行き、地元の若者たちとボートに乗ったりして遊んだのです。

スミフでのコンサートは3日間で、2日目の昼間はちょっとゆっくり自由な時間があったので、知り合った若者の誘いで、たくさんの若者たちの集まるパーティーに出かけました。そこにいたのは、偶然なのか意図的なのか、いろんな東欧の国から来ている人たちでした。チェコスロバキア、ハンガリー、東ドイツ……。彼らは、短波放送で西側のラジオを聴き、ビートルズやアニマルズをテープに録って聴いていて、東側のロックもどんどん生まれていることを、オープンリールのテープレコーダーで私に聴かせてくれました。それは音楽好きの集まる楽しいパーティーで、政治的な匂いなど皆無だと思っていたのです。

でも、この旅が終わり横浜港に帰り着いたとき、待ち構えていた新聞記者から聞いたのは、ソ連軍、ワルシャワ条約機構軍がチェコスロバキアに侵入したというニュースでした。なんとスフミで私が若者たちと出会っていたその日が8月20日、まさしくソ連の戦車がプラハに侵入した日だったのです。

1968年、「プラハの春」と呼ばれる民主政権が生まれたチェコスロバキアに対するソ連のこの厳しい制裁に、世界中の若者が抗議の声を上げました。日本でも藤本敏夫が全学連としてソ連大使館へのデモを組織していたのです。そのまっただ中、ソ連にいた私はそのことを知らなかった不思議。ソ連国内で報道がなかったか、私たちが旅人だったからか。

それにしてもスフミで出会った若者たちは、海外の電波も受信していたのですから、このニュースを知らなかったはずはない。すべては謎に包まれたままです。

5

「別々の場所で生きていたっていい」

上田での別れから40日間の旅を終え、東京に帰った私は藤本敏夫と再会し、その時はじめて彼が私がソ連に出発した直後にも再び拘束され、釈放されたすぐ後にソ連大使館へのデモをしていた、そんな怒涛《どとう》の日々を知らされたのです。今のようにインターネットで連絡を取り合える時代ではなかったので、何も知らないでいた私と彼とのあまりの隔絶感に、本当に悩みました。

上田で受け取った手紙には彼が別れの意志を込めていたのかもしれない、とまで思い詰めた私は、ある日、彼に伝えたのです。

「私たちの恋は無理よね。こんなにも違う現実の中で生きているのだから……」

でも、その時の彼の答えはこうでした。

「別々の場所で生きていたっていいじゃないか。何かをしようとしている俺があって、お前がある、ということで」

その言葉は心に沁みました。いつもどこか遠くに感じる彼から、迷いなくこの言葉が出てきたことに、深く感動したのです。それから何十年も続くことになった彼との人生は、この言葉に支えられたかもしれません。

この時、彼と別れる気持ちにもうひとつブレーキをかけてくれたのは、母の一言でした。

「別れんといたほうがええよ。あの人はあんたの『お守りさん』やから」

私は「え？」と聞き返しました。「『お守りさん』って？」

その時、母はこう言ったのです。

「人は誰かを愛するから、心の平和を保てるのよ。あなたが彼と別れたら、あなたはどうなっちゃうかわからないわよ。それが心配」と。これは本当に深く心に響く言葉でした。

「誰かを愛するから心が平和になる」

「誰かを愛するから心が乱れる」と思っていた私には、意外な一言でした。でも、別れた後、糸のちぎれた風船になった自分を思えば、母の言う通りかもしれないと思い、別れることはやめました。

こんなひと悶着《もんちゃく》があったことで、かえって彼との絆が強くなった１９６８年の秋。その秋はこれまでのどんな時よりも学生の行動は激しさを増し、そして迎えたのが10月21日でした。

60年安保闘争以来の規模で学生が集まった、ベトナム戦争阻止を訴えた国際反戦デー。米軍の軍用タンク列車が私たちの乗っている普通の電車の線路の上を走っている、そこに核兵器が積まれていても日本は拒否できない、そんな事実がわかってきて、学生が新宿駅を占拠する行動に出たのです。学生の数がふくれあがり、新宿の街全体が学生で埋め尽くされる事態になりました。

その夜、藤本は防衛庁に直接抗議に行くデモを指揮していたので、逮捕確実と彼も私も思っていました。でも、なぜか彼は捕まらず、一度は家に帰ってきたのです。藤本敏夫はデモの時、ヘルメットを被らない主義だったので、全員ヘルメット姿の学生集団の先頭にいた彼が機動隊の方へ向かって行った時、「なぜだか道を開けてくれたんだ」と、後に笑って語ったことがありました。

当然、指名手配された彼は、そのまま逃亡生活に入りました。

それから一切の連絡を絶っていた彼が、突然訪ねてきたのは11月6日の夜更けのことでした。翌日の11月7日に再びデモを指揮することになっており、そこへ出ていけば逮捕間違いなしなので、こっそり会いに来てくれたのです。

その夜はたまたま知り合いのディレクターが、ヨーロッパへ出張した時、大ヒットしていたメリー・ホプキンの歌う『悲しき天使』を「早くおトキに聞かせたくて」と持って来てくれて、何人かで聴いていました。

別の部屋に藤本敏夫を隠して、みんなでこの歌を聴いたその夜。

「今はもう昔のこと　酒場がここにあった
　夢を語り歌って　毎日踊り明かした」（『悲しき天使』加藤登紀子訳）

今ここで起きているはずの大きな出来事のまっただ中で、「そんな日々もあったね、すべては空しく過ぎ去ったけれど」というリフレインがやりきれないけれど、なぜかぴったりと心に寄り添うようで、泣けてたまりませんでした。

翌日、彼は予定通りデモの指揮者としてデモの先頭に立ち、そのまま拘束されていきました。彼の勾留は、通常の21日間勾留とは大幅に違って、実に8カ月にも及んだのです。

というのは、１９６８年から１９６９年にかけての学生の行動は、60年安保と深い関係がありました。日本とアメリカの安保条約は、10年後に継続か破棄かを決めることができることになっていて、破棄を宣する期限が69年6月だったのです。学生たちは「70年安保破棄」を合言葉に行動していたのでしたが、どのくらいの人が破棄の期限が69年ということを知っていたでしょうか。「迂闊《うかつ》だったな」と今頃になって私は思います。

1968年の夏から学生が占拠していた東大安田講堂に、1月18日に機動隊が突入して全学生を拘束したのも、国としてはこの安保破棄への動きを何としても阻止する必要があったからでしょう。そんなこととは気づきもせず、21日間勾留を何度も数えながら、正月を越え、春を迎え、結局、出所は安保破棄の期限に近い69年6月16日でした。

長かったこの間にも面会を重ね、本の差し入れや手紙のやりとりがあり、彼が何を悩み、何に次の手がかりを求めているのか、どんな時よりも深く知ることができた貴重な時間になりました。外での活動が封じられた彼にとっても、ずっと彼が苦しんでいた大きな問題を突き詰めていく猶予《ゆうよ》の時間になったかもしれません。

「今の俺たちには未来ヴィジョンがない。こんなに多くの学生が声を上げているのに、その先に示せる社会への戦略がない」

その問いは、1960年安保闘争の終わった夏に、高校生だった私が感じた深い疑問とも重なっていました。それは人類の、果てしない深い問いでもあるのかもしれません。

6 キャバレーであぐら

そんな間にも、私は歌手の仕事をせっせと続けていました。1966年に『赤い風船』で日本レコード大賞新人賞を受賞して以来、メジャーな歌手としてメディアに出演し、3カ月ごとに新曲を出すというローテーションを果たし、当時は盛んだった「キャバレー」への出演もありました。

「キャバレー」と言っても、今は想像がつかないかもしれませんが、昭和独特の遊興場で、大きなステージがありフルバンドが入っていて、ホステスのサービス付きのテーブルでお客さんがお酒を飲みながら歌やショーやダンスを楽しむお店。劇場のように広いゴージャスなお店もありましたが、いかにもヤクザ映画に出てきそうな場末のキャバレーもありました。

キャバレーまわりは、私の苦手な仕事でした。ある時、小さな町のキャバレーで、バンドをバックに歌った時、本当にお客さんが騒がしくて、誰も歌を聴いてくれていない、そんなつらいステージだったことがありました。別に仕事としては予定の通り歌ってしまえばそれでなんの問題もないのですが、私はどうしても耐えられなくて、全部終わってバンドもいなくなったステージで、こう言ったのです。

「私の歌を、ほとんどみなさんに聴いていただけなかった。つらいです。いったい、私は何を歌えばよかったのですか？」と。

そうしたら、目の前のお客さんが、せせら笑うように返してきました。

「童謡でも歌ってろよ。なんか難しい外国の歌なんかじゃなくってさあ」と。

私は、ステージにあぐらをかいて座り込み、思いつくままにアカペラで童謡を歌いました。

「カラスなぜ鳴くの　カラスは山に　かわいい七つの子があるからよ」

「歌を忘れたカナリヤは　後ろの山に捨てましょか……」

気がつくと、騒がしかった客席がシーンとなっていて、さっき、私に「童謡でも歌ってろ」と言った人は、なんと泣いていたのです。みんなもきっと心の中で歌っている、そう気がついた時、私も泣きました。それが歌なんだなあ、と！

そんなことがあった後の１９６９年3月12日。大雪で東京の街が一切車の走れない状態になり、仕事がすべてキャンセルになった日。私はポツンとひとりで時間を持て余していました。忙しい時はまだいいけれど、こんな時は本当に彼のことが思われ寂しくてたまらない。暖房のない拘置所はどんなに寒いだろうかと思いを馳せ、彼から来た何度も読んだはずのハガキを読み返していました。そのハガキには、こんなことが書いてありました。

「朝起きて、椅子と兼用になっているトイレのふたを開ける。するとそこにネズミくんが顔を出すんだ。差し当たって彼が唯一の僕の友達」

その風景を思い浮かべているうちに、ふっと歌が浮かんだのです。

「ひとりで寝る時にゃよォー　ひざっ小僧が寒かろう
おなごを抱くように　あたためておやりよ
ひとりで寝る時にゃよォー　天井のねずみが
歌ってくれるだろう　いっしょに歌えよ」（『ひとり寝の子守唄』）

雪に振り込められた東京の空を見つめながら、私の心の中に降ってきたこの詩、このメロディー。いったいどこから来たのか、私にも説明できません。きっと雪を降らせた神様が、私にプレゼントしてくれたのかしら、なんて思ってみたり……。

1カ月くらいの間に少しずつ歌詞を書き足して、5番までの歌詞ができてからも、誰かに聴いてもらうことはありませんでした。その時もある新曲のキャンペーンの最中でしたから、もっぱらそっちの歌を宣伝し続けなくてはならなくて。

そんなキャンペーン中に、ある酒場で久しぶりに出会った知人がこう言ったのです。「おトキはいつまで、そんなムード歌謡みたいな曲を歌ってるんだ?」と。

彼は、当時、若者から熱狂的な支持を受けていたフォークシンガーのプロデューサーでした。私のいる歌謡曲の世界とアンダーグラウンドなフォークの世界には見えない壁があり、どうしてもそこを越えられない。「そんなこと、あなたならわかるんじゃないの?」と私は心の中で言い返していました。自分に対する苛立ちと彼の自信たっぷりさに腹が立ち、気がついたらその人を殴っていたらしくて……。

翌日、その人が私を心配して訪ねてくれたのです。

「36発殴られたんで、僕も放っておけなくて。ご機嫌はいかが?」と。

そんなことがきっかけで、私の書いたオリジナル曲をもっと歌ったらいいじゃないか、と彼が言い出して、そのフォークシンガーと私のジョイントコンサートを開くことになったのです。見えない壁があるなら、どんどん越えていけばいいじゃないか、と。私の事務所は応援してくれませんでしたが、勝手にさせてくれました。

そのコンサートで歌った『ひとり寝の子守唄』が大きな反響を呼んで、急遽《きゅうきょ》予定を変えて『ひとり寝の子守唄』をレコーディングすることになったのです。「出口なし」と思い込んでいた私に、思いがけない世界が広がった、これも奇跡でした。

奇《く》しくもレコーディングの日は、藤本敏夫が出所した6月16日。夜遅く、やっと出会えた彼に、この歌のことを伝えたくて、ちょっとだけ歌ってきかせたのでした。そうしたら彼は、「なんて淋しい歌なんだ。悲しすぎるよ」と、吐き出すように言って、どこかへ行ってしまったのです。

私はショックでした。説明することが嫌いな彼。その時、彼の心に渦巻いたものは何だったか、今もはっきりとはわかっていません。想定よりも長かった拘置所での生活を耐えてきた人にとって、やはり、この歌は残酷だったのかもしれないと、今ならわかります。

確かに1968年と言えば世界中に果敢な戦いにエールを送る歌が生まれているのに、なぜ私は『ひとり寝の子守唄』だったのか。

私の中にあったのは、歌はどんな分断も超える歌でなければならない、という願いでした。政治はどんどん人々を分断していくけれど、歌はそれを超えて届くものでなければならない。学生を棍棒で殴る機動隊も本当は淋しいはず。「どちらかの人だけ聴いてください」という歌であってはダメだと。藤本敏夫と出会った時、「政治集会では歌わない」と答えた理由も同じです。両方の人の心に届く歌なら、その境界線を越えていけるはず。この思いは今も変わりません。

第5章

疾走する流星の如く

1

地球に土下座してゼロからやり直す

藤本敏夫が勾留されていた8カ月の間に、学生運動の現場は四分五裂《しぶんごれつ》し、「内ゲバ」と呼ばれる内部紛争が吹き荒れてしまっていました。彼の身も危険にさらされていることがわかり、しばらく会えない日が続きました。

何ということでしょう！　前年から続いていた東大安田講堂の全共闘による占拠も、1月には機動隊の導入で全員が拘束される事態となり、それでも続けられた京都大学のキャンパスの学生によるロックアウトも排除され、それは全国の大学、高校に波及していきました。

この半年の間に吹き荒れたすさまじい警察権力の弾圧と、学生運動内部の内紛は、すべての学生運動に破局をもたらしたと言ってもいい、それが1969年という年だったのです。

7月16日、私は地方公演で東京にいなかったのですが、そこにかかってきたのは藤本からの電話でした。「すべて終わった。俺は関西に帰る。しばらく会えない」。彼がいっさいの学生運動から離脱した日です。

出所から1カ月、党派の分裂をなんとか修復しようとして駆け回った彼でしたが、ピリオドを打つしかなかった！　断腸の思いが、伝わってくるようなその日の声は、今も耳に残っています。

次に向かう目標を定めるために、その夏、彼は九州の平戸《ひらど》にこもって過ごすことになりました。8月に入った数日間、私は休みをとり、いっしょに過ごすために平戸を訪ねました。

平戸島にまだ橋ができる前だったので、フェリーで渡りました。島のはずれの田ノ浦温泉の宿に泊まり、隠れキリシタンの暮らした根獅子《ねしこ》の浜で朝日を見、最後の日には小舟を出していっぱい魚を釣ったのです。何十年何百年変わらぬ豊かさが、そこにはありました。

「人間は地球の居候《いそうろう》や。もういっぺん、この地球に土下座して謝らなあかんなあ。ゼロからやり直しや」

彼のつぶやくこの言葉を、私は朝日に輝く海を見ながら聞いていました。

これが、私が胸深く受け止めた彼の帰着点。その後の2人の生き方を決めたと思います。

6月16日にレコーディングした『ひとり寝の子守唄』は、その年の9月に発売され、驚くほどの速さでヒットソングとなり、年末には日本レコード大賞歌唱賞に選ばれました。彼には「淋しすぎる」と言われたのでしたが、何かこの時代の言い知れぬ孤独感をつないでいたのでしょうか。

その年末が来る前、私は九州の「あゆみの箱」のチャリティーコンサートに呼ばれていました。小児麻痺《まひ》で苦しむ少年少女たちを救おうと、芸能界の重鎮《じゅうちん》たちが結成した「あゆみの箱」のコンサートにはたくさんの有名歌手が集い、ビッグバンドに合わせて歌っていました。

私はそんな中で、『ひとり寝の子守唄』をギターの弾き語りで歌ったのでした。盛り上がっていた会場はシーンとなって、なんだか火を消したような淋しい空気になってしまい、不安でいっぱいの気持ちで舞台の袖に入った時、そこに両手を広げて待ってくれていたのが、森繁久彌《もりしげひさや》さんでした。

森繁さんは「あゆみの箱」の主催者の中心にいた人で、日本を代表する俳優、私もその顔はよく知っていました。でもお会いしたことはなく、その日が初めてでした。

彼はこう言ったのです。

「今歌ったのは君か。僕の心と同じ心で歌う人を見つけたよ」と。そして両手で私を抱きしめてくださったのです。

1年前、夜空の下で藤本の歌う『知床旅情』を聴いた時の衝撃。そして心の中でやっとたどり着いた『ひとり寝の子守唄』。まさか、ここでその『知床旅情』を作詞作曲して歌った森繁さんと出会うことになるなんて！

「僕と同じ心で歌う」と言ってくださった森繁さんが、同じ満州の新京《しんきょう》（今の長春《ちょうしゅん》）でNHKのアナウンサーをしていて、私たち家族とほとんど同じころに佐世保に引き揚げた人だったと、その時は知る由もありません。

その森繁さんも私が満州生まれだなんて、ご存じなかったはずです。それなのに、そこに通い合う共通の歌心があると、瞬間的に感じてくださったのです。その後に『知床旅情』を歌うことになったことで、森繁さんとは晩年まで深いご縁が続きました。

歌に運命があるのなら、それは人より遥かに強い磁力を持って、出会うべきものを出会わせるものだと、そう思わなくては説明のできない、本当に奇跡のような出会いでした。

2

アンダーグラウンドな歌手

『ひとり寝の子守唄』が大ヒットした1969年12月、アルバム『ひとり寝の子守唄』を出そうということになった時、当然、私は私自身のオリジナル曲のアルバムを想定していました。あぜんとしたのは、その企画が当時のヒットソングのカバーアルバムだったことでした。断然、私は抗議したのですが、もう営業サイドからの強い意向で、変更できないということです。

それならば、そのカバーアルバムに応じる交換条件として、私が作詞作曲したオリジナル曲のアルバムをつくりたい、と必死にお願いしました。「内気な私なのに、言うべき時は言ってるなあ」と、今頃になって自分の強情ぶりに感心します。

偉そうに言うほど、そんなに立派なオリジナル曲があったわけではありませんが、半年後にやっとのことで仕上げたアルバムに『私の中のひとり』というタイトルをつけました。これはまだまだ、私の中の一部分です、というような意味で。

どちらかといえば、その時カバー曲のアルバム『ひとり寝の子守唄』のほうがずっと売れたし、評価されたと思いますが、それでも初めて全曲オリジナルソングのアルバムも出したということは大きな意味があったと思います。まだシンガーソングライターという言葉もなかった時代、歌手自身が曲をつくって歌うことが始まったばかりでしたから。

でも皮肉なもので、そうなると今度は、自作曲でヒットを出さなくてはならないプレッシャーがのしかかってきます。アルバム『私の中のひとり』にも収録した『帰りたい帰れない』『別れの数え唄』をシングルで出して、そこそこの成果を上げた後も、まだつくり続けなくてはなりません。

ウンウン唸《うな》って歌づくりに悩んでいる私を見て、母がこう言いました。

「ついこの間、歌をつくり始めた人が、そんなに立て続けにいい歌がつくれるはずないわよ。世の中にはいい歌がいっぱいあるんだから、そういうものを歌わせてもらったらいいじゃない」

これまでもさまざまな人生を越えてきた母の一言だけに、すごい説得力がありました。レコード会社のディレクターも一目置いていて、深くうなずいています。

「そうだね」と素直に認めるしかなかった私。その時、心に浮かんだのが『知床旅情』でした。ギターの弾き語りで時々『知床旅情』を歌っていたので、この曲をヒントに、歌探しをしてみよう、と思い立ちました。

当時、酒場ではカラオケもなかった時代、オッサンたちはよく得意の歌をみんなに歌って聴かせていました。時には大合唱になったり、しみじみしたり……。そんな酒場で歌われている彼らの心の歌、その土地に歌い継がれてきた歌など、探し始めると面白いほど次々と名曲が浮かびました。

そうしてできたのが『日本哀歌集』というアルバムです。

森繁久彌さんのLPからも『銀座の雀』『満州里小唄』、当時みんながよく歌っていた小林旭《あきら》さんのヒット曲『北帰行』『さすらい』、そして『琵琶湖就航の歌』など。せっかくシンガーソングライターの道がついたのに、こんなリバイバルのカバーでいいのか、と悩む気持ちもありましたが、歌っている時の気持ちよさで、いつの間にかその迷いも消えていました。

その中の一曲、沖縄の『西武門哀歌』は、フォークシンガーの高石ともやさんが私に教えてくれた歌でしたが、歌ってみると、うっとりするような色っぽさが漂い、自分の体の中から自然にあふれてくる声の魅力を感じました。土地に根差し歌われた民謡に秘められた、どこか遠くから贈られてきたような歌の力を感じたのです。「これだわ!」と膝を打つような気持ちで、シングル発売を決めました。

そのシングルの裏面にカップリングしたのが『知床旅情』。森繁久彌さんの持ち歌という遠慮もあって、表面にはしなかったのです。でも、このレコードが主に関西で売れ始め、どうやら「知床旅情人気らしい」とわかり、もう一度『知床旅情』を表面に発売し直したのが1971年でした。この年の夏には、ミリオンヒットとなり、私はベストテン番組に毎週のように出るようになりました。

「それは俺の歌だ」とちょっぴり文句を言っていた藤本でしたが、彼は1969年の秋には平戸から帰京し、翌年の春から「地球に土下座してゼロからやり直そう」をモチーフにしたパンフレットを学生運動の仲間たちに配布して、新たな活動へと踏み出していました。これまでこだわってきた労働者と資本家の階級闘争という枠組みではなく、自然と人間の正しいあり方を根底に、自然環境に配慮した社会変革を訴えたのです。

今なら必然のテーマとして共感を得られるはずのメッセージでしたが、当時の学生運動内部では、共鳴の声が上がらず、彼は学生運動の流れを変えることができませんでした。1969年から72年までの学生運動がより過激な暴力的なものへと疾走していく悲劇を、どうしても食い止めることができなかったことを、彼は生涯悔いていました。

その後も、いろんな街で産業による公害問題が起こっていたにもかかわらず、地球環境問題に興味を持つ人がまだまだ少ないことを思い知らされたのです。

そんな1971年、私の『知床旅情』は摩訶《まか》不思議といわれたほどの大ヒットとなり、その年末、私はレコード大賞歌唱賞を受賞し、第22回NHK紅白歌合戦に出演が決まりました。

ところが、「そんなのはお登紀の到達点ではないぞ！」と、ある飲み会で、これまでずっと応援してくれていた私のまわりの新聞記者たちが言い出したのです。そしてみんなでワイワイ飲んでいる夜に、「そうだ！　日劇ミュージックホールでコンサートをやろう」と、決まってしまったのです。「お登紀、お前はアンダーグラウンドな存在であるべきだ。間違っても、国民歌手なんてものになっちゃダメだぜ」。それがこの企画の意図でした。

「TOKIKO22時」とタイトルをつけ、会場ロビーに樽《たる》酒を持ち込んだお酒つきコンサート。信じられない度外れたこの夜が、この先の加藤登紀子の大事な居場所になるなんて、その時は考えてもいませんでした。

今も50年以上続いている「ほろ酔いコンサート」の、これが原点です。そう、国民歌手じゃなく、アンダーグラウンドな歌手としての加藤登紀子を存在証明するために！

3

中東ヨーロッパひとり旅

明けて1972年の正月、私は40日間の旅程で中東とヨーロッパにひとりで旅立ちました。これは71年にシングル発売した『愛のくらし』の作曲者アルフレッド・ハウゼさんが、北ドイツ放送のテレビ番組で『愛のくらし』をドイツ語で歌うように、と私をハンブルグに呼んでくださったことがきっかけでした。

でも往復の飛行機代は1名分しか出せない、という条件だったので、石井好子さんから「あなた1人で行ってらっしゃい」と言われたのです。ドイツと日本の往復チケットで北極回りでまっすぐ行くこともできるけど、南回りで、インド、イラン、レバノン、エジプト、モロッコ、ポルトガル、スペインと途中の国を回ってドイツに着いても、飛行機代は同じだというので、私は石井さんにお願いして40日のお休みをいただいたのです。

これにはちょっと訳がありました。『ひとり寝の子守唄』のヒットの後、私はいろんな国の音楽を聴いてみたいと、石井さんに海外旅行のお願いをしていたのですが、「ヒット曲が1曲じゃ、安心できないわ。2曲ヒットが出たら、行ってらっしゃい」と、そういう約束をしていたのです。だから、石井さんもこの時ばかりは反対できなかったのでしょう。でも、この決断をできる石井さんもすごい人だと思います。アメリカやフランスで歌手としての生活をたったひとりで切り拓《ひら》いた経験者だからこその判断だったと思います。

さすがの父でさえ、「ひとりで行かせるんですか」と石井さんに詰め寄ったくらい、たしかに想像を絶するひとり旅でした。今のようにインターネットなどの情報もなく、まったくの未知への旅のようなものでしたから。

それに中東といえば、2度の中東戦争があったばかりで震え上がるような恐い地域と思えなくもない、そんな不安もたしかにありました。特にインドのカルカッタは1971年、バングラデシュの独立戦争が終わったばかりで、それまで飛行機便も止まっていたのでした。でも、私の乗る予定の便から就航と聞いて、なんてラッキーと喜んでいたら、出発のごあいさつに森繁さんのお宅に行った時、奥様の杏子《きょうこ》さんに大反対されてしまったのです。

「戦争の終わった街がどんなに恐ろしいか、あなたは覚えてないでしょう。死体を見に行くようなものよ。絶対に行っちゃダメ」と、その場でチケットをキャンセルされてしまいました。杏子さんは、満州や引き揚げ後の日本で母と同じように洋裁で家計を支え、50歳を過ぎてから世界中を旅する旅行家になり、南極から北極まで行っている、そんなすごい人でした。その決断の早さ、その場で空港会社に電話をかける迫力に圧倒された私。

家に帰って母に伝えると、いつもは何事も好きなようにさせてくれていた母でしたが、「そうね。絶対行かないでほしい」と、同じ意見でした。

「私は戦争を知っている」というこのすごい説得力に、誰も言葉を返せません。いつになく厳しい表情だったその時の母にギクッとさせられ、仕方なくチケットをイラン行きに変えて出発したのです。

イランの首都テヘランに着いたのは、夜中の2時。暗い空港に降り立った時には、震えそうでしたが、幸いにも知り合いの知り合いが迎えてくれて、その夜は彼らの家に泊めていただきました。

朝起きてすぐに聞こえてきたコーランの声に感動。持って行ったカセットデッキで録音しようと必死になっていたら、「そんなの毎日聴けるわよ」と笑われてしまったのですが、何もかも違う異文化のはずなのに、不思議な懐かしさを感じる、地球数千年をたどるような旅になりました。

この旅日記は『ろばと砂漠と死者たちの国』（文化出版局、１９７２）という本に書いたのですが、古い歴史がそのまま堂々と息をしている中東を、細胞深く吸い込んだ感動は、今の私の世界観の土台になっていると思います。イランのシラズで訪ねたペルセポリスの遺跡、イスファハンの美しいモスク、ベイルートからダマスカスに向かう途中で訪ねたバールベック、シリアのパルミラの遺跡。アジアとヨーロッパをつないだシルクロードの時代の文明の光が、まだ生きていました。古代、中世、近代、現代、どの時代も深く時の流れの底につながって生きているのだと。

シリアの国境近く、砂嵐の舞う水も電気もない砂漠の中に、忽然《こつぜん》と現れるベドウィン族の家族。堂々たる母親の後ろには何人もの子どもたちがいます。

色鮮やかな服をまとい、羊の群れを追いながら、彼らだけは国境を越えることを許されている遊牧民。こんな人々が現代にまだ生きているのか！　こんなたくましい命、大地とのハーモニーの中にしっかりと根づいている美しさを前にして、頭でっかちな都市生活者は、なんと不完全な生き物なのかと、それを痛感したのでした。

想像を遥かに超えた中東ヨーロッパの美しい旅。音楽も人々の暮らしも、伝統の中に息づいて、ゆったりとした誇りにあふれていました。

その後の中東世界の混乱の中で、平和だったあの地域が今どうなっているのか、それを思うと胸がつぶれそうです。何も変わっていないのか、すっかり崩壊してしまったのか、半世紀前の旅が、得難い貴重なものに思えます。

4

「私はあなたと結婚します」

たくさんの風景を体に溜め込んで東京に帰った私。けれど、そこに待ち構えていたのは、裁判が終わり実刑判決を受けるであろう藤本敏夫との別れの準備でした。これまで考えていた生きる意味や仕事の目標など、すべてが小さく見えた旅の中で、女として生きることの偉大さを痛感していた私は、藤本に結婚を提案したのです。

でも、彼は頑《かたく》なでした。

「今の俺には夫婦とか家族とかそんな選択はありえないよ。曲がりなりにも、学生運動のリーダーとしてたくさんの人生を狂わせたんだ。ちゃんと実刑判決を受けてきちんと清算してからでなきゃ、結婚なんてお前の親父に言い出せないぜ」と、はっきりと言い放ったのです。

1972年4月21日、彼の裁判最後の日。裁判所に出廷する前に盛大な歓送パーティーが開かれました。「歓送」というのもおかしなことだけど、スッキリと吹っ切って旅立つ姿はさわやかでさえありました。私は仕事のためにパーティーの途中で出てしまったので、最後を見送ることができませんでした。

判決が3年以上の実刑判決になることは予想されていたことだったので、その結審がショックだったわけではありません。でも、もう3年間はいっさい会えない、手紙も書けない、それがどんなことなのか、想像がつかないことでした。彼が行ってしまってから、彼の不在という現実がこんなに取り返しのつかないものかと思い知らされたのです。

3年8カ月の実刑判決を受けた彼、刑務所は拘置所と違って三親等以内の親族でなければ、面会も手紙も許されません。

頭で考えていた3年という月日が、実際に始まってみると途方もない長さに思えました。

そしてその時、思いもしなかったつらすぎる現実に直面することになったのです。

少し前から、「もしかしたら」と思っていた体の異変がはっきりしてきたのです。誰にも相談できず、ひとり布団に潜り込んで泣きました。結婚していない、私には仕事がある、彼に伝えることもできない。こんな状況では、どう考えても答えは1つでした。

彼が残してくれた赤ちゃんを産むことはできない、と。

思い切ってある日、スケジュールをやりくりして彼と親しい医師のもとを訪ねました。

その日のことは、今も鮮明に覚えています。

迎えてくれた医師は、病院を私のためだけに開けてくれていました。「まあ、急ぐことじゃないからゆっくり」と、勧められて奥の部屋に入っていくと、そこに医師のお父さんが、ひとりお酒を飲んでいたのです。

「登紀子さんも一杯どうですか？　子はかすがい、という言葉を知ってるでしょう。藤本くんのために、産んであげなさい。未婚の母だっていいじゃないか。そんなことはどうでもいいんだ。なんとでもなりますよ」

そこまで聞いて、私はもう涙を止められませんでした。そうだ、どうしてそう考えなかったのだろう。それができない理由などあるはずがない。それ以外の答えはない！

そう決めた私は、うれしくてうれしくて飛び上がってしまいそうでした。そこで投げかけられた一言は本当に大きかったです。

私は家に帰り、彼に手紙を書きました。直接出せない手紙を弁護士さんから彼に見せてもらうことにしたのです。

「私はあなたと結婚して、あなたの赤ちゃんを産みます。そのためには歌手をやめてもいいし、生活のすべてを変えてもいい。あなたとの人生にすべてを賭けます」

涙でぐしゃぐしゃになりながら書いた手紙。翌日、弁護士さんが彼に見せてくれました。

「答えはYESだそうですよ」

その簡単すぎる返事に、私はちょっと腹が立ちましたが、これですべてが決まったのです。最後の裁判を前に、結婚を否定した彼の気持ちなど、もう私はすっかり忘れていました。私の方の結婚への思いは揺るぎないものでしたから。一方的に私が決めたこの結婚について、その後、一度も彼と話さなかったような気がします。

ともあれ、結婚が決まったからには、その先の道をつけなければなりません。早速、その夜のうちに石井好子さんの家に行って、結婚を承諾《しょうだく》していただきました。「私は大賛成よ。彼と幸せになりなさい。あとのことは何も心配しないで、私に任せなさい」と。

それからは、世界で私がいちばん幸せ！　と大声で叫びたいほどでした。

結婚予定者として特別面会が許された5月6日。下獄《げごく》からたった2週間で、まるで修行僧のように痩せた藤本と会うことができ、私たちは結婚を決めたのです。

少し後に藤本がハガキにこう書いてきました。

「君は5月6日を覚えていますか。あれはなかなか愉快な結婚式で、神式でも、仏式でもなく、言うなれば官式。机の横には立ち会い人がひとり。この日が僕たちの結婚式です。覚えておいてください」

5

真夏の夜のコンサート

私たちが結婚を決めても、まだしなければいけないことがいろいろありました。まず彼が刑務所の中でサインをした婚姻届を持って、彼の家族の合意と署名をいただき、婚姻届を出さなくてはなりません。

5月29日、私は父といっしょに兵庫県甲子園町の藤本敏夫の実家を訪ねました。甲子園三番町の家ではお母さんとお兄さんが迎えてくれたのですが、婚姻届を差し出すと、思いがけない言葉が返ってきました。

「本人から何も伝えられていないので、承諾できません」

驚きました。「彼が何も伝えていない？」

確かにそれは思いがけないことでしたが、月に1度しか郵便が許されていない彼に、それを求めるのも酷《こく》だと思い直し、お二人に合意していただけるように私の思いを、彼との赤ちゃんのことをお伝えし、婚姻届を預かっていただきました。

その日、私は神戸の港から船で淡路島の仕事に向かうことになっていました。船着場までついてきてくれた父は、なぜかしみじみとこう言ったのです。

「お前はお母ちゃんにそっくりやなあ。わざわざ苦労する相手を選ぶんだ」

父が母に結婚を申し込んだ時、母の両親から猛反対され、それでも母ががんばってくれたと、ずっと後になって父の書いた自伝で知りました。

神戸港といえば、遠い満州へ向かう大連航路《だいれんこうろ》の出発地。私の家族が何度か、命懸けで海を渡った思い出の場所でもありました。藤本と私の交際をあまり歓迎していなかった父が、藤本が窮地に追い詰められるほど応援してくれる。そこにこんな思いがあったのか、と胸深く受け止めた私でした。

実はその日、淡路島でちょっとした事件が私を待っていました。私と藤本敏夫の情報をどこかから入手した女性週刊誌の記者が待ち構えていて、コメントを求めてきたのです。私は「コンサートの終了後にお会いします」と約束して、コンサート会場に向かいました。

予定どおりにコンサートを終えた私は衣装のままタクシーに飛び乗り、港に向かい、フェリーに飛び乗ったのです。結婚のことも出産のこともまだ誰にも言っていない状況で、週刊誌の取材を受けるわけにはいかない、きちんと記者会見で発表するまでは、と思って。

淡路島から神戸まで、それほど長い時間ではなかったと思います。ハラハラドキドキして乗っていましたが、なぜか操舵室《そうだしつ》からお呼びがかかり、操縦席に上がって行くと、無線が私宛に入りました。「後の船で追いかけている。このまま行ってしまえば、未婚の母で記事を書くぞ」と。

神戸港に着いた私は公衆電話に走り、石井好子さんに伝えました。「明日、記者会見を開いてください」と。石井さんは落ち着いた様子で、すべて了解してくれました。藤本のお兄さんにも電話して事情を伝え、午前中に婚姻届を出していただけるようにお願いし、快く了解していただけたのです。

私は翌日の早朝、東京に帰り、あたふたと午後の記者会見に出席したのでした。ものすごい数の記者が集まり、その中には淡路島まで来ていた雑誌の記者の姿もありました。

それでも終始、晴れやかな祝福の空気の中で、中野刑務所に服役中の藤本敏夫との結婚と、彼との間の子どもの出産、歌手としての休業を発表したのです。12月が出産予定のため、7月で歌手活動にピリオドを打つこと、それまでのコンサートは予定どおり行うこと。歌手休業期間は決めていないことも。

この休業について、石井さんとはその前にこんなやりとりがありました。私は彼への手紙にも書いたように、歌手をやめてもいいと思っていたのです。石井さんにそう伝えると、彼女はこう言ったのです。

「やめるとか、やめないとか、あなたは発表しなくていいのよ。あなたは社会に何の責任もないいんだから、それは自分の勝手にすればいい。また歌いたくなるかもしれないじゃない？何より大事なのはあなたが自由であることよ」

本当に素晴らしい言葉でした。どれほどこの言葉がその後の私を支え、守ってくれたでしょうか。「いちばん大事なのはあなたが自由であること」。

本当にそのとおり、未来を決めることなんてできないのですから。

最後のコンサートと決まったのは7月25日、日比谷野外音楽堂。題して「真夏の夜のコンサート」。

1972年1月の中東へのひとり旅で、たくさん歌も生まれていました。

広大な空の色、砂漠の中で暮らす人々、哀しく荘厳に響いたコーラン。この旅でつくった『色即是空』でコンサートの幕を開けました。

「星空の下で　かがり火を燃やそう
おひさまは沈み　なにもかも闇だ
星空の下でかがり火を燃やそう

よけいなものはみんな捨てて　明日はどこかへ身軽な旅
どこで生きても同じこと　どこで死んでも同じこと」

なんだか、最後のコンサートなのに、初めてのコンサートのような不思議なトキメキ。私自身が胎内に生きている未知の命と毎日出会っているからでしょうか。

ミュージシャンも大好きな人に声をかけて初めての顔合わせにもかかわらず、ずいぶん大胆な新しい曲がいっぱいのプログラムでした。

衣装は朝から着てきたままのジーンズに南米風のブラウス。ちょっと膨らんだお腹なので、ほかに着られる服がなかったから！

最後のフィナーレで、『知床旅情』を歌った時には、観客がどんどんステージに上がってきて、私を抱きしめてくれました。「元気な赤ちゃん、産んでね！」と。

こんなにたくさんの人にお祝いしてもらえるなんて……。

たった3カ月前、真っ暗な気持ちでひとり泣いていた私。誰にも認めてもらえないと思っていたこの結婚が、光いっぱいの道を開いてくれている！　世界で一番幸せな私がここにいる！

何度でも、何度でも、それを叫びたい私でした。

6

美しいアジアの子

すべての仕事を終えて、思い切りのんびりとした夏が過ぎて、私は1972年9月から東京都八王子市にある「無相庵」という陶芸窯《がま》に居候《いそうろう》し、陶芸三昧《ざんまい》の日々を過ごしました。

1971年の秋から藤本敏夫と一緒に始めた陶芸でした。不器用な私と違って、スタートから「筋がいいぞ」と褒められた彼。裁判の結果が必ず実刑判決であろうとわかってから、その下獄までの間を本気で陶芸に打ち込んでいたのでした。人類の歩いてきた道をゼロからたどってみたい、という思いをそこに重ね、縄文土器、弥生土器、李朝の陶器と入念な計画を立てて作品を仕上げ、自分の作品だけで窯をいっぱいにして、記念の作品を残そうとしていたのでした。

その作品が全部仕上がり、素晴らしい出来栄えであれば、彼はその後の人生を陶芸家として起こすこともできたかもしれません。でも、天はそれを許してはくれなかった！　なぜなら、彼の作品が窯に入り、窯の温度が頂点に達している時に、よりによって強い地震が来たのです。2月29日に起こった、八丈島を震源地とする、東京で震度4を記録する地震でした。

作品は高熱で溶けている状態だったため、すべて崩壊しました。数カ月の労作がすべて壊滅してしまって、どんな気持ちだったでしょうか。でも、これはたぶん神様の選択。彼を陶芸家にさせないための。

そんな彼の代わりをと心に決めて、仕事もすべて終えていっぱい時間のできた私は、彼の後を継ぐように窯場に入り、出産までの日々を過ごすことにしたのです。

毎日、素晴らしいと自認する作品ができるのを手紙で知らせる私に、彼はちょっと悔しそうに「拝啓　魯山人《ろさんじん》二世殿」と返信に書いてくるようになりました。

「お腹が大きくなるのに合わせて、作品がどんどん大きくなるね」と笑われながら、いくつかの「傑作」を仕上げて、私は11月いっぱいでそこを引き揚げ、東京に帰りました。

手回しロクロと少しばかりの土を持って帰り、新しい生活の準備をしながら楽しむつもりでした。家の模様替えを終え、小さな姪《めい》たちに土いじりをさせていた日の翌朝、予定日より2、3週間も早く、その日が来てしまったのです。

これまでに経験のない痛みで目が覚めて、すぐに病院へ行き、無事出産。

12月7日午後4時22分。2400グラムの女の子でした。

私自身が予定日より1カ月も早い早産児だったことを思うと、なんだか納得。大急ぎで彼に電報を打ち、それでも返事はすぐには来ませんでした。やっと来たのはハガキでした。

「男の子だとばかり思っていたので、従って僕は困りました。やっと考えてこの名前になりました。美しいアジアの子、美亜子と名づけてください」

自分の体の中にいたものが、突然目の前に堂々と存在している！

それは、不思議な不思議な感覚。もう何も頭で理解できない、ただもう、とめどなく涙があふれました。


考えてみるとすべてが偶然の出来事のようです。

人がいったいどう生きるか、なんて、生きてみないとわからない。

父と母の間に私が生まれたことも、終戦の中を生き抜いたことも、歌手になったことも、そして藤本敏夫と出会ったことも。

私の中から飛び出す小さな命を見た時、生きることは、こんなふうに勢いよく飛び出してくることなんだ、と納得したのです。

その力は私自身のものではない。「生きる」ことが持っている自然の力。そのことを教えてくれた「小さな人」にただ感謝したい、と思いました。

藤本敏夫とは彼が２００２年７月31日に他界するまで、それからほぼ30年の歳月をともに生きることになりました。

終生、説明をしない、言い訳をしない、さよならを言わない藤本が、最後に残していた文章が、彼が逝《い》ってしまった後に、私に届いたのです。

８月半ば、東京で開かれた葬式に来た彼の友人が、「もしかしたら、これ、あなたまだ見てないんじゃない」と、小さな冊子をくれました。そこには、初めての孫と遊んだことを大げさに喜ぶ彼の文章があり、その最後をこんな数行で締めくくっていました。


「時代は一九七二年、僕は中野刑務所七舎北下に収監されていた。レンガ造りの旧《ふる》くて見るからに監獄という感じのする刑務所だった。

風薫る五月初旬某日。

「子供ができた」「結婚したい」という加藤登紀子の申し出に、頑なだった僕の心は瞬時に解けた。

彼女の言葉は何よりも率直だった。

突っ張っていた僕の前頭葉は何年もの間、その言葉を待っていたのだろう。

だから、とっても嬉しかった。」（２００２年８月５日発行「はなかみ通信」より）

死んだ後に届いた、最後のラブレター、うれしくてうれしくて泣きました。

生きるということは、見えないまま疾走する流星みたいなものだな、と今になって思います。

間違った選択をしたことが一度もなかったとはいえないけれど、いつも選ぶ前に道がひらけてしまうのです。

明日の地図がなくても、未来に向かって飛び立っていく鳥のように！

故郷ハルビンのスンガリー（松花江）のほとりで（1981年）
©西山哲也

君が生まれたあの日

作詞・作曲　加藤登紀子

君が生まれたあの日　僕は君に手紙を書いた
窓の外は吹雪　寒い朝だった
白い空を見上げて　僕は言葉をさがした
あふれる想いそれは　うれしさと何故か涙
強くなくてもいい　熱い心を持て
幸せばかり追いかけるな　思いきり今日を生きてゆけ

初めて歩いたあの日　僕は思わず祈った
小さな手を離して　君を見守りながら
運のいいやつになれ　太陽を味方にして
誰も君を守れない　君だけの人生だから
時の流れがいつの間にか　君を大人にしてゆくだろう
急がずに恐れずに　つまずきながら歩いてゆけ

二十歳になった今日　贈る言葉が見つからない
静かに盃を上げて　君を送り出そう
海はあまりに広く　舟はちっぽけだ
風をいっぱい帆に受けて　外海へひとり出てゆけ
時の流れがいつの間にか　君を大人にしてゆくだろう
急がずに恐れずに　つまずきながら歩いてゆけ

急がずに恐れずに　つまずいても歩いてゆけ

エピローグ

流れる水はもとには戻れない。

書き終えた今、そんなことをふと思います。

選んだ人生は、振り出しに戻ってやり直すことはできないけれど、どこを通ってもそこから先へ向かう道が見えてくるもの。

どんなに遠くても生まれた街への懐かしさが消えることはないし、あの街で生まれなければよかった、と思ったことはありません。ただ、思い出すたびに、開けてはいけない扉を開けるような痛みが走ります。

そこを「私の街」と呼んでいいのか、と。

戦争や侵略は今も地球のどこかで起こっています。

暮らす場所を無くした人は、そこを出ていくしかありません。

人々を助けるために、国を守るためにと、戦争は憎しみを正義として振りかざします。でも犠牲になるのは人々であり、国です。それでも人々はその正義に従うしかないのでしょうか？

１９８１年、生まれ故郷のハルビンでのコンサートに招かれました。北京、長春、ハルビンの3都市で、戦後はじめての日本人歌手として歌いました。

行く先々で温かく迎えてくれた中国の人たち。最後のハルビンで歌い終わった私が涙でグシャグシャになって舞台の袖に帰ってきたら、みんなの手でトンネルをつくって祝ってくれました。

「どうしてみなさんは、そんなに温かく日本人の私を許してくれるのですか?」

私は聞きました。ある人がさりげなく答えてくれたのは、こんな言葉でした。

「1972年に田中角栄《かくえい》首相と握手を交わした時、周恩来《しゅうおんらい》さんがこう言ったのです。戦争を憎んで人を憎まず。これからは新しい時代をともに切り開いていきましょう、と」

それからもう半世紀以上、中国と日本は平和を守ってきました。本当にうれしいです。

生まれた日から、最初の赤ちゃんを産むまでの28年間をつづったこの『トコちゃん物語』はまだ続いていきます。

あなたもあなたの物語をつづり続けてください。

どこかでまた会いましょう。

2025年2月15日

加藤登紀子

加藤登紀子写真館

小学生から結婚、
出産するまでのトコちゃんを
写真で紹介します。

大好きな先生が担任になった春
先生の膝の上で
（小学３年生）

京都の上賀茂の
自宅の前で撮った家族写真
（小学３年生）

バレエ教室の発表会で（右）
やっぱり舞台が好きだった
（小学３年生）

ヴィクトールの結婚式
コサックの誇り高い生き様が心に刻まれた
（中学２年生）

駒場高校に入学し
駒場高校放送局（KHK）に入部
全国高校放送部コンテストに出場
（高校１年生）

駒場高校放送局の同窓会（1980年ごろ）
吉永小百合さん（後列左から２番目）
佐藤信さん（後列右）
加藤登紀子（前列右）

日本シャンソンコンクールで優勝
（21歳）

スンガリー新宿店で
（23歳）

東大の卒業式
安田講堂前で
卒業証書を手にして
（24歳）
©時事

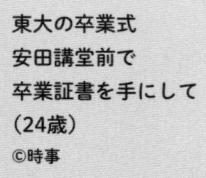

日本を代表する俳優
森繁久彌さんと
森繁さんの『知床旅情』を
加藤さんがのちに
歌うことになった（35歳）

拘置所にいる藤本敏夫を想って
作詞作曲した『ひとり寝の子守唄』を歌う
（25歳）

イラン、レバノン、シリア、エジプト
モロッコなど中東へひとり旅
長い歴史と広大な大地で生きる人々
美しさに魅《み》せられる（28歳）

長崎県平戸で。地球に土下座してゼロからやり直す決意をした藤本敏夫と
２人の生き方を決めた数日間となった

獄中にいる藤本と入籍し結婚記者会見を開く（28歳）

1972年12月
長女の美亜子を出産

NHKの番組『世界・わが心の旅』
撮影に同行した母と
引き揚げの時に満州で歩いた
線路を歩く（1995年）

プロフィール

加藤登紀子

（かとう・ときこ）


1943年、中国東北部ハルビン生まれ。1946年、日本に引き揚げ、小学校入学前から京都に住む。1956年、中学1年生から東京へ。1959年、東京都立駒場高校入学。

1965年、東京大学在学中に第2回日本アマチュアシャンソンコンクール優勝、歌手デビュー。

1966年『赤い風船』で日本レコード大賞新人賞、1969年『ひとり寝の子守唄』、1971年『知床旅情』共に日本レコード大賞歌唱賞を受賞。その後、中島みゆきから提供を受けた『この空を飛べたら』、加藤が中森明菜に贈った『難破船』などヒット曲多数。

1987年にリリースした『百万本のバラ』や宮崎駿監督『紅の豚』の劇中歌『さくらんぼの実る頃』、ラストテーマ『時には昔の話を』なども大きな反響を呼んだ。

国内コンサートのみならず、1988年、90年のN.Y.カーネギーホール公演をはじめ、世界各地でコンサートを行い、1992年、フランスでのコンサート活動などの芸術文化活動における功績に対してフランス政府からシュバリエ勲章を贈られた。近年は、FUJIROCK FESTIVALに毎年出演。年末恒例の「ほろ酔いコンサート」は50年以上続いている。

俳優としては映画『居酒屋兆治』（1983年）に高倉健の女房役として出演。宮崎駿監督の『紅の豚』（1992年）では声優としてマダム・ジーナ役を演じた。

私生活では学生運動のリーダーだった藤本敏夫と結婚、3女を出産。藤本敏夫は1976年に「大地を守る会」を設立。その後、「鴨川市自然王国」を作り、農的生活を続けていたが、2002年に他界。次女のYaeはシンガーソングライターで、鴨川自然王国での活動を手がける。

これまで100枚近くのアルバムを作り、2022年にはウクライナの被災者支援のアルバム『果てなき大地の上に』（TOKIKO RECORDS）を発売。

主な近著に『哲さんの声が聞こえる ── 中村哲医師が見たアフガンの光』（合同出版）、『百万本のバラ物語』（光文社）、『加藤登紀子詩集 ── 美しき20歳』（春陽堂）、『「さ・か・さ」の学校』（時事通信社）など。

YouTube で「登紀子土の日ライブ」を毎月11日に配信。幅広いゲストとのユニークなトークライブを発信。2025年に歌手活動60周年を迎える。

公式ホームページ　https://www.tokiko.com

装画・挿画／ありはら・せいじ（有原誠治）

1948年秋田県生まれ。1967年にアニメーションの世界に入り、アニメーターとしてさまざまなアニメ番組の制作に参加。1979年からは虫プロダクションで、作画と演出を担当。監督した長編アニメーションに『火の雨がふる』『うしろの正面だあれ』『えっちゃんのせんそう』『NAGASAKI 1945 アンゼラスの鐘』。短編に『つるにのって── とも子の冒険』『鬼がら』『越後の昔ばなし　あったてんがのぉ』など。2009年にフリーとなり、ドキュメンタリーの撮影や監督を手がけて、『原爆症認定集団訴訟の記録おりづる』『一歩でも二歩でも』『声を上げる高校生たち』などの作品がある。書籍に『基礎からわかる手づくりアニメーション──動きの法則・動画の描き方・動かし方』（合同出版、2016年）。

装幀デザイン　森デザイン室　後藤葉子
装画・挿画　ありはら せいじ
編集協力　西山秀子
写真協力　トキコ・プランニング

本文組版　合同出版制作室

トコちゃん物語　いつも空があった
——加藤登紀子自伝〈誕生・青春編〉

2025年4月10日　第1刷発行

著　　者　加藤登紀子
発 行 者　坂上美樹
発 行 所　合同出版株式会社
東京都小金井市関野町1-6-10
郵便番号　184-0001
電話　042（401）2930
振替　00130-9-65422
ホームページ　https://www.godo-shuppan.co.jp
印刷・製本　恵友印刷株式会社

■刊行図書リストを無料進呈いたします。
■落丁・乱丁の際はお取り換えいたします。

ISBN978-4-7726-1570-9　NDC916　216×151

JASRAC出 2501044-501